# 自然密码破解人

## 著名分子遗传学家

陈印政　孙丽伟　编

中原出版传媒集团
中原传媒股份公司

大象出版社
·郑州·

**图书在版编目(CIP)数据**

自然密码破解人 : 著名分子遗传学家 / 陈印政, 孙丽伟编. — 郑州 : 大象出版社, 2022. 7
(中外科学家传记丛书 / 王大明, 刘兵, 李斌主编)
ISBN 978-7-5711-1473-2

Ⅰ. ①自… Ⅱ. ①陈… ②孙… Ⅲ. ①生物学家-列传-世界 Ⅳ. ①K816. 15

中国版本图书馆 CIP 数据核字(2022)第 097114 号

中外科学家传记丛书

**自然密码破解人** 著名分子遗传学家

ZIRAN MIMA POJIE REN ZHUMING FENZI YICHUANXUEJIA

**陈印政 孙丽伟 编**

---

**出 版 人** 汪林中
**项目策划** 李光洁
**项目统筹** 成 艳 陶 慧
**责任编辑** 司 雯 陶 慧
**责任校对** 万冬辉
**装帧设计** 王莉娟

---

**出版发行** 大象出版社(郑州市郑东新区祥盛街 27 号 邮政编码 450016)
发行科 0371-63863551 总编室 0371-65597936
**网 址** www. daxiang. cn
**印 刷** 河南瑞之光印刷股份有限公司
**经 销** 各地新华书店经销
**开 本** 890 mm×1240 mm 1/32
**印 张** 6. 5
**字 数** 136 千字
**版 次** 2022 年 7 月第 1 版 2022 年 7 月第 1 次印刷
**定 价** 24. 00 元

印厂地址 武陟县产业集聚区东区(詹店镇)泰安路与昌平路交叉口
邮政编码 454950 电话 0371-63956290

# 总 序

马克思和恩格斯合写于19世纪40年代的《共产党宣言》中，曾有这样一段生动的描述："自然力的征服，机器的采用，化学在工业和农业中的应用，轮船的行驶，铁路的通行，电报的使用，整个整个大陆的开垦，河川的通航，仿佛用法术从地下呼唤出来的大量人口——过去哪一个世纪料想到在社会劳动里蕴藏有这样的生产力呢？"马克思和恩格斯说的那一切，还不过是19世纪的景况。到了21世纪的今天，随着核能、电子、生物、信息、人工智能等各种前人闻所未闻的科学技术的飞速发展，人类社会面貌进一步发生了翻天覆地的甚至马克思那个年代都无法想象的巨变。造成所有这一切改变的最根本原因，毫无疑问，就是科学技术。而几百年来，推动科学技术发展的直接力量，就是一大批科学家和技术专家。

中国是这几百年来世界科学技术革命和现代化的后知后觉者，从16世纪末期最初接触近代自然科学又浅尝辄止，到19世纪中期晚清时代坚船利炮威胁下的西学东渐，再到20世纪初期对"德先生"和"赛先生"的热切呼唤，经过几百年的尝试，特别是近几十年的努力，已逐渐赶上世界发展的潮流，甚至最近还有后来者居上的势头。例如，中国目前不但在经济总量上居于世界第二的地位，而且在科学研究的多个前沿领域也已经名列国际前茅；有些方面，比如科学论文的数量，仅次于美国而居世界第二；最可贵的是，中国已经形成了一支人数众多、质量上乘的科研队伍。

利用科学技术来推动社会经济的发展，中国已经尝到了巨大甜头，科学技术是第一生产力的观点深入人心。从政府到民间，大家普遍关心如何进一步落实科教兴国战略、推动创新促进发展，使中国在科技创新方面更具竞争优势，培养和造就出更多的科技创新人才，使中国在现代化道路上能走得更长远、更健康。

为实现上述目标，一方面需要提高专业科学研究队伍的水平，发扬理性思考、刻苦钻研、求真求实、勇于创新的科学精神；另一方面也需要增强和培育整个社会的公众科学素养，造就学科学、爱科学，支持创新、尊重人才的文化氛围。这套“中外科学家传记丛书”的编辑和出版，就是出于这样的考虑。

通过阅读和学习科学家传记，一是可以更深刻地理解科学家们特别是那些在重大历史转折关头做出了伟大贡献的科学家的科学思想和创新方法，二是可以更鲜活地了解到科学家们的科学精神和品格作风，三是可以从科学家们的各种成长经历中得到启发。

本丛书所收录的200多位中外著名科学家（个别其他学者）的传记，全部都来自中国科学院1979年创刊的《自然辩证法通讯》杂志。该杂志从创刊伊始就设立了一个科学家人物评传的固定栏目，迄今已逾四十年，先后刊登了200多篇古今中外科学家的传记，其中包括文艺复兴时期的欧洲科学家、远渡重洋将最初的西方近代科学知识带到中国的欧洲传教士，当然大部分都是现代科学家，例如数学领域的希尔伯特、哈代、陈省身、吴文俊等，物理学领域的玻尔、普朗克、薛定谔、海森伯、钱三强、束星北、王淦昌等，以及天文学、地学、生物学、计算机科学和若干工程领域的科学家。值得指出的是，这些传记文章的作者，大都是在相关领域学有专长的专家学者。例如：写过多篇数学家传记的胡作玄先生，是中国科学院原系统科学研究所的研究员；写过多篇物理学家传记的戈革先生，是中国石油大学的物理学教授；此外还有北京大学、清华大学、上海交通大学、中国科技大学等多所国内著名大学的教授，以及中国科学院、中国医学科学院和中国科技协会等研究机构的专家。所以，这些传记文章从专业和普及两个角度看，其数量之多、涉及领域之广、内容质量之上乘、可读性之强，在国内的中外科学家群体传记中都可以说是无出其右者。

考虑到读者对象的广泛性，本丛书对原刊物传记文章进行了重新整理编辑，主要集中在如下几个方面：一是在总体设计上，丛书共分 30 册，每册收录 8 个人物传记；二是基本按照学科领域来划分各个分册；三是每分册中的人物大致参考历史顺序或学术地位来编排；四是为照顾阅读的连续性，将原刊物文章中的所有参考资料一律转移到每分册的最后，并增加人名对照表。

当前，中国正处在从制造大国向创造大国转变、急需更多科技创新和科技人才的重要历史时刻，希望本丛书的出版对于实现这个伟大目标有所裨益，也希望对广大青少年和其他读者的学习生活有所帮助。

# 目 录


*001*
麦克林托克　读懂玉米语言的遗传学家

*025*
德尔布吕克　一个并不完美的分子生物学的奠基者

*051*
雅克·莫诺　基因调节理论的创立者

*077*
马克斯·佩鲁茨　科学不是一种平静的生活

*101*
威尔金斯　DNA 双螺旋发现的第三人

*125*
威尔逊　分子生物学时代的博物学家

*143*
霍兰　遗传算法之父

*163*
尼斯莱因－福尔哈德　发育遗传学家

*188*
*参考资料*

*191*
*人名对照表*

# 麦克林托克

## 读懂玉米语言的遗传学家

芭芭拉·麦克林托克

（Barbara McClintock，1902—1992）

芭芭拉·麦克林托克是20世纪一位具有传奇般经历的女遗传学家。她毕生从事玉米遗传学研究，在玉米细胞的染色体中发现了可以移动的基因，并将其命名为“控制因子”。她认为，控制因子可以引起染色体的断裂，并导致邻近基因的突变，从而调节基因的表达。此外，控制因子不仅存在于玉米中，它还可能存在于昆虫和其他生命体中。这是一个崭新的理论体系。然而，她的理论很长时间内未被人们接受，遗传学家们一直把基因、DNA链视为稳定的存在。1953年，沃森、克里克提出DNA双螺旋模型，更加固了这一观念。人们怎么也无法想象基因竟然可以在不同的位点之间跳跃。因而，诸如“控制”“调节”这类概念也未能进入经典遗传学家的词典当中。麦克林托克天才的理论一直受到冷遇。自20世纪50年代以后，麦克林托克一直默默地耕耘于遗传学园地之中，1983年，她终于在81岁高龄时独立荣获该年度的诺贝尔生理学或医学奖。

## 一、初识玉米——跨进遗传学领域的门槛

1902年6月16日，麦克林托克出生于美国康涅狄格州的哈特福德，母亲萨拉·汉迪·麦克林托克是一个喜欢冒险的勇敢的妇女，父亲托马斯·亨利·麦克林托克是不列颠群岛移民的后代。也许受家族的影响，麦克林托克天生具有桀骜不驯的个性。求学时

代，她深深地迷上了自然科学，常能出其不意地以自己独特的方式来解答各种难题，而寻找答案的整个过程对她来说是一种巨大的快乐。在麦克林托克未来漫长的科研生涯中，这种快乐一直伴随着她，并成为她不懈努力的唯一源泉。

1919 年，麦克林托克在康奈尔大学农学院注册入学。1921 年秋，她选修了一门唯一向本科生开放的遗传学课程。在当时，几乎很少有学生对遗传学产生兴趣，他们大多热衷于农业学，并以此作为谋生手段。但麦克林托克对这门课有着强烈的兴趣，从而引起了主讲教师赫丘逊的注意，课程结束后，赫丘逊来电话邀她选修康奈尔大学专为研究生开设的其他遗传学课程。麦克林托克欣喜地接受了邀请，并就此踏上遗传学研究的道路。

同时，麦克林托克还选修了植物学系夏普教授开设的细胞学课程。夏普的兴趣集中于染色体的结构以及在减数分裂和有丝分裂期间它们的行为的研究上。当时染色体正受到人们的强烈关注，被认定是“遗传因子”的载体。麦克林托克在康奈尔大学植物学系读研究生时，毫不犹豫地认准了这一研究方向——细胞遗传学。

当时的康奈尔大学是玉米遗传学的中心，这一研究传统由爱默生教授创立。在 20 世纪二三十年代，它堪与摩尔根所创立的果蝇遗传学相媲美。玉米具有明确可辨的遗传性状，当时已证明它的籽粒上糊粉层的颜色以及胚乳的性质，均受孟德尔遗传因子所控制。玉米同果蝇不同，它一年才熟一季，这就为研究人员细致深入的研究提供了充裕的时间。当时的玉米遗传学研究集中在对突变性质的发现、描述、定位和积累上。如果说是爱默生开创了玉米遗传学，那么麦克林托克则成功地实现了玉米遗传学与细胞学的联姻。

研究生期间，麦克林托克曾给一位细胞学家兰道夫担任助教。兰道夫是一位颇有成就的细胞学家，他对玉米籽粒发育的细胞形态学的详尽研究，直到今天依然是权威性的。当时他立志要完成的一项工作是确定玉米细胞中不同染色体的形态特征。然而，他所选取的根尖切片细胞其中期染色体是如此之小，以致无法确定其细节特征。因此，这一工作也被耽搁下来，似乎前景暗淡。

1925 年，麦克林托克来到了兰道夫的实验室，事情立刻发生了戏剧性的变化。麦克林托克一下子抓住了问题的关键。她发现，对于细胞学研究来说，玉米的根尖切片远不是一种合适的材料，相反，玉米的小孢子细胞在分裂过程中，其中期或后期染色体更为清晰可辨。当时恰好贝林发明一种新的乙酸洋红涂片技术，这种方法特别适合于玉米，通过它可观察到每一条玉米染色体分裂和复制的全过程。麦克林托克采纳了这一方法，加之选用的材料合适，经过几周的努力，她鉴定出玉米细胞中每条染色体的不同形态特征。根据染色体的长度，她把最长的一条命名为 1 号染色体，最短的一条命名为 10 号染色体。

麦克林托克的研究成果于 1929 年发表在《科学》杂志上，这也是她博士论文的一部分。然而她与兰道夫的关系就此破裂了。当兰道夫梦寐以求的研究目标轻易地被麦克林托克捷足先登时，他未免有些不快甚至无法容忍。就两人的个性来讲，麦克林托克反应敏捷，富有想象力和洞察力，几乎立刻就能发现一个新现象的重要性；相对而言，兰道夫更多的是以方法而不是智力取胜。所以，两人的分裂不可避免。麦克林托克离开了兰道夫的实验室。当爱默生得知这一消息后（也许是兰道夫告诉他的），他的最初反应是站在兰道夫这一边，将麦克林托克看作事端的制造者。麦克林托克有可能觉察到了这一点，所以，她不再向爱默生汇报工作进展。然而，爱默生很快就领悟到麦克林托克的工作是如此富有成就，不久就成为麦克林托克的最强有力的支持者之一。

“小荷才露尖尖角”，麦克林托克以她在玉米细胞学方面的出色工作，成功地迈入了遗传学领域的门槛。

## 二、初战告捷——遗传学与细胞学的联姻

1927 年春天，麦克林托克获得康奈尔大学的博士学位。她留在那里继续研究玉米中每一条染色体的形态特征以及与遗传性状的关系。那个时期可谓是玉米遗传学的黄金时期。1927 年秋，比德尔来到植物育种系，在爱默生的指导下做博士论文。他后来曾以“一个基因一个酶”学说与塔特姆以及莱德伯格共同荣获 1958 年诺贝尔生理学或医学奖。1928 年秋，罗兹也来到该系，同样在爱默生指导下做博士论文，罗兹后来成为麦克林托克亲密的同事和朋友。“英雄所见略同”，这些耕耘于玉米遗传学领域的研究者，都迫切地意识到探索染色体和基因之间相互关系的重要性。这是一个和谐友爱的集体，大家共享信息，也共享成功的喜悦。正是在这里，麦克林托克在玉米的细胞遗传学方面发表了一系列高质量论文，其成就堪与当时正在飞速发展的果蝇遗传学相媲美，并深受遗传学界巨子摩尔根的赏识。

如前所述，与兰道夫的合作虽然是不愉快的，但麦克林托克所作研究的影响是深远的。由于麦克林托克已能精确地鉴定玉米细胞中每一条染色体的形态特征，这就为细胞学与遗传学的联姻提供了良好的条件。到 1931 年，在麦克林托克及其他人的努力之下，在玉米中所发现的 10 个遗传连锁群已与 10 条染色体之间建立起了一一对应的关系。相比于果蝇遗传学，玉米遗传学自有其得天独厚的优势。由于果蝇的染色体十分微小，其精细特征难以辨认，所以，摩尔根一派对遗传学染色体学说的贡献主要是基于对交换实验的推断，缺乏从染色体的直接观察中所得到的证据。相比之下，玉米的 10 条染色体在形态上有明显可辨的特征，如着丝粒的位置、两臂的相对长短、结节的存在与否、染色丝上着色较浓的染色粒的分布等。对每一条染色体来讲，这些标记都是以一定的形式直线地排列。如果这些标记的改变与相应的遗传学交换同时发生，这就是细胞学与遗传学联姻的强烈证据。

事实证明，麦克林托克在这一时期所从事的玉米细胞遗传学研究为她以后发现基因“转座”打下了坚实的基础。1931 年，麦克林托克发现，9 号染色体在其短臂的末端有一个明显的结。具染色结的染色体携有基因 C（糊粉层有颜色）、基因 sh（胚乳呈皱缩型）和基因 wx（胚乳为蜡质型）。遗传学交换实验表明，这些基因的次序为 wx-sh-C，并且它们都位于具染色结的短臂上，因此，可以确定染色结和这些基因之间为一连锁关系。这一实验不仅令人信服地证实了基因与特定染色体之间的关系，而且是发现“转座”的序曲。因为麦克林托克首次发现转座基因（Ds）就是位于这一结节附近，它对基因 C 所产生的影响，导致玉米籽粒的糊粉层显示出斑斑点点的景观。

1933 年，果蝇幼虫唾腺巨大染色体被发现。这种巨大染色体要比减数分裂时的染色体和体细胞中的染色体大上 200 倍。唾腺染色体上有明显的横纹，横纹的相对大小和空间排列是恒定的，可以作为识别唾腺染色体的标志。这一发现为果蝇遗传学的飞速发展添上了强有力的翅膀。自此以后，玉米在遗传学中的地位无法再与果蝇相抗衡。而对于急功近利的遗传学家来说，一年才熟一季的玉米也实在让人等得心焦，而几个星期就能繁殖一代的果蝇，则为观察突变的发生提供了捷径。于是，玉米成了被冷落的“灰姑娘”。然而，麦克林托克对玉米情有独钟，她穿着缝有许多口袋的工作服，冒着酷暑，继续穿梭于玉米地里，细心地观察幼苗、籽粒上的斑斑点点，并在显微镜下检查其染色体行为，而玉米对她的最好回报就是向她倾诉了许多有关染色体及基因的奥秘。

## 三、断裂与融合——对环状染色体的分析

1931 年夏天，麦克林托克的朋友斯塔德勒邀请她去密苏里大学工作。当时，斯塔德勒正在研究 X 辐射对玉米产生的突变效应，与此同时，缪勒正在研究 X 辐射对果蝇产生的生物学效应。由于果蝇有着更短的生殖周期，缪勒得以较早发表论文，并因此成为这方面的先驱。不过，斯塔德勒的工作同样受到了广泛的关注。其实这两人的工作风格是大异其趣的：斯塔德勒感兴趣的是突变背后的真正原因；而缪勒着重于分析通过辐射所能产生的突变范围，故而他强

调突变的随机性，并认为这是一种真正的基因突变。

从效果上来看，X 辐射会诱导产生大量的突变，其表型可以从成熟玉米的籽粒上反映出来。当时，斯塔德勒已经发现，X 射线诱导的突变致使隐性基因得到表达（由于显性基因的存在，隐性基因是不被表达的，只有当两个同源基因均为隐性基因时，生物体才会表现出隐性性状）。当时斯塔德勒有大量这样呈现隐性性状的突变植株，他想弄清楚这些植物的细胞核中染色体的行为，以确定其背后究竟发生了什么事情。对于麦克林托克来说，这方面的研究正是一种崭新的尝试。她那精湛的细胞学技术，使她有可能在显微镜下鉴定出部分染色体的易位、倒位和缺失，正因为此，斯塔德勒向麦克林托克发出了合作研究的邀请。

麦克林托克在考察后认为，隐性性状的表达全然不是由于“基因突变”所造成。X 射线引起染色体片段的部分丢失，其中缺失片段正好携有显性等位基因，由于显性基因不存在，隐性基因得到表达，这就是在玉米中看到的变异性状。

1931 年秋，麦克林托克回到康奈尔大学。这时，她收到一封来自加利福尼亚大学的信。信中作者描述了玉米的一种变异类型，它与染色体的片段缺失有关。这个片段带着某些显性等位基因，显性基因的丢失使得隐性性状在那些缺失细胞的子代中得到表达。问题是这些缺失是如何造成的。麦克林托克思索之后，猛然大悟，认定是由于环状染色体的存在。她的推断是这样的：一条染色体在两个部分处发生断裂，断裂端发生相互融合，形成一个具双着丝粒的环状染色体。大部分时间环状染色体中的两条染色单体进行独立复制。但偶尔在染色单体之间会发生姐妹线的交换，交换的结果产生了具双着丝粒的双环。由于两个着丝粒向着相反的方向运动，被牵引的染色单体就形成了一座“桥”，随着牵引力的逐渐增加，在有丝分裂的后期，“桥”在某一位点处发生断裂，断裂端进入末期核，相互又进行融合，这时形成的新环，其大小和内容就取决于“桥”上所发生的断裂位置。由于断裂位置是随机的，不是均等的，所以，当其中形成的一个环比较小时，它们常常会丢失。如果丢失环上正好带有显性等位基因，结果就是隐性等位基因得以表达。

这就是被麦克林托克所详细研究的断裂－融合－桥周期。事实上，只要染色体带有断裂端，这样的周期就会反复出现。不过，当时麦克林托克对这一过程的描述极富想象力，因为她并未在显微镜下真正看到过环状染色体的存在。仅仅是在直觉的引导下，她如同身临其境，详细逼真地描绘出了环状染色体的复制、断裂以及重新愈合这一全部过程。不过，麦克林托克同时也强调，充分信任直觉，绝不意味着以牺牲实验和观察作为代价。故此，她写信要求斯塔德勒为她继续种植去年秋天的玉米。她猜测，去年她所看到的变异现象的背后一定也有环状染色体的存在，现在她需要细胞学上的证据。1932 年的夏天，麦克林托克再次来到密苏里的玉米地，然后在显微镜下观察该批玉米细胞的染色体，果然它有环！正如设想的那样。麦克林托克天才的直觉能力得到了实验事实的证实。

对环状染色体行为的分析以及断裂－融合－桥周期的描述，促使麦克林托克深深地关注染色体断裂端的行为。染色体在自然条件下，或是以 X 射线、γ 射线和其他射线及其某些化学药品进行处理时，会发生断裂。一旦细胞觉察到其核内染色体带有断裂端时，它就会启动某种机制促使断裂端相互识别并融合，而不管双方的距离有多远。然而，正常染色体的末端绝不会发生相互融合的现象，这就表明，正常的末端一定有一种成分阻止了融合的进行，这就是“端粒”。端粒的形成受基因控制。麦克林托克发现，当某种基因处于隐性纯合状态时，它就不会启动细胞中的修复机制，断裂端也就无法愈合。今天的分子生物学已经揭示，端粒的形成与一种酶的存在有关，这就是“端粒酶”，而端粒酶确实受基因控制。端粒的结构以及端粒酶活性研究已成为当今分子生物学研究的一个重要热点。要知道，当初麦克林托克在揭示端粒的性质、断裂端的融合时，她只不过凭借显微镜下的观察以及由此作出的推断，但这些推断与今天分子生物学所揭示的事实恰恰吻合，难怪她的同事惊异于她总能在显微镜下看到一些新的东西！

麦克林托克如此关注染色体断裂端的融合行为，是因为从中发现了一种机制，那就是当面临某种突发事件时，细胞总有一套调节机制，比如启动修复机制，使断裂端愈合。麦克林托克认为，这一机制也许是必需的，因为在细胞核中，这些偶然的或常规的断裂经常会发生，如果不修复，这些断裂将会导致较大的遗传缺失从而引起严重后果。麦克林托克从中深刻地觉察到的是生命体的主动应变能力，这正是她与一般遗传学家的迥然相异之处，她更关注的是单个事件背后的整体协调能力，而“转座”理论的提出恰恰有赖于这一独特的视角。

麦克林托克在事业上风华正茂时，在康奈尔大学遇上了麻烦。

在 20 世纪 30 年代的早期，寻找合适的工作可不那么容易。作为植物育种系主任，爱默生曾设法推荐比德尔和罗兹在该系工作。他对麦克林托克却爱莫能助。囿于传统，这些职位一般不提供给妇女，因为如果一个妇女出去与农民交谈有关作物的问题，他们会不搭理的。

由于康奈尔大学无法为麦克林托克提供合适的职位，她便于 1936 年接受了斯塔德勒的邀请来到密苏里大学。在这里，麦克林托克对玉米细胞核中所发生的染色体断裂 – 融合 – 桥周期继续进行独到和深入的研究，并引起了人们的广泛兴趣。1941 年，作为卡耐基学院的研究人员，麦克林托克来到冷泉港，继续从事上述工作的研究。当时，第二次世界大战正酣。卡耐基学院理事委员会决议“把战争研究放在第一位，为达到这个目的，应暂停和平时期的研究”。但是，卡耐基学院院长布什仍然表示：“只有在很小的范围内，我们依然希望朝着遥远的文化目标继续进行研究工作。”由于麦克林托克的研究归属到了“遥远的文化目标”的基础研究之一，因此，她的工作照常进行，并不断有新的成果问世。

1941 年，受比德尔的邀请，麦克林托克来到斯坦福大学，对一种真菌——链孢霉菌作细胞学研究。正是以这种真菌为材料，比德尔和塔特姆提出了“一个基因一个酶”学说，并荣获诺贝尔生理学或医学奖。但是，链孢霉菌是如此之小，以致一直无法在细胞学上对它们作详尽的研究。麦克林托克通过显微镜，加上她那双训练有素的眼睛，成功地辨别出其中的每一条染色体，并在减数分裂的全过程中追踪它们的足迹，由此揭示了真菌体完整的减数分裂过程。

由于麦克林托克杰出的工作成就，1939 年她当选为美国遗传学会副主席，1944 年成为美国国家科学院院士，翌年担任了美国遗传学会主席。作为一名女性科学家，麦克林托克已属凤毛麟角。

就在这一片成功的赞美声中，麦克林托克开始了“转座”理论研究。

## 四、“转座”—— 一个崭新的遗传学概念

我们常见的玉米都是黄色的籽粒。然而，野生的玉米还有其他颜色。美国的中部和南部是玉米的起源地，有着玉米的原始类型，其籽粒有蓝色的、咖啡色的或紫红色的。籽粒颜色取决于玉米胚乳上糊粉层的色素。胚乳是幼苗发育的营养来源，它由两个卵核、一个精核受精而成。所以，玉米的胚乳是三倍体。糊粉层上色素的合成受玉米基因的控制。有时，我们能发现在同一穗棒上有不同颜色的籽粒，常见的有紫红色籽粒镶嵌于其中，这一现象可用孟德尔遗传定律来解释。然而，有一种现象令人迷惑不解：这就是在一个籽粒上有时会出现斑斑点点，或者是无色背景上嵌有色素点，或者是有色背景上呈现出无色区域，这是怎么回事呢？最早注意到这一现象的是爱默生，他猜测这也许是基因的不稳定性造成的。但是，它违背孟德尔遗传定律。

麦克林托克是从研究染色体的断裂端行为开始步入这一研究领域的。她发现，在玉米细胞核中的 9 号染色体短臂上，有一特定位点（位于结节附近）经常发生断裂并导致一系列表型上的变化，这一发现极其重要。如前所述，麦克林托克曾经发现在 9 号染色体短

臂上的结节附近处的基因与胚乳的色素、形状、性质有关。这样就有可能通过观察胚乳的色素、形状来判断染色体断裂所带来的效应。在 1944 年的夏天，麦克林托克以自花授粉的方式种下了这样一批 9 号染色体带有断裂端的玉米，经检测发现，其子代中染色体的断裂仍发生在 9 号染色体的特殊位点上。断裂的结果是产生一个具有着丝粒的片段以及一个包括特殊位点在内的无着丝粒片段，无着丝粒片段游离于细胞核中，造成它上面所携带的显性基因缺失，于是同源隐性基因得到表达。从表型上来看，抑制色素形成的显性基因（I）丢失，致使胚乳糊粉层上无色的背景显示出色素，这就是玉米籽粒上的斑斑点点。犹如环状染色体所造成的彩斑模式，但它的细胞学机制与特殊位点的断裂有关。

麦克林托克敏锐地看到，不同于其他事件引起的偶然断裂，该位点的断裂是一种高度非随机性的、可遗传的事件，这就表明，该位点上存在一个控制因子，它导致染色体的解离（断裂），她命名为 Ds（Dissociation，意为分解）因子。当麦克林托克运用三点测交欲精确地测定 Ds 位点时，竟然发现 Ds 是不稳定的，它可以从染色体的一个位点跳到另一个位点。这就是“转座”概念的首次浮现。

Ds 所导致的解离事件似乎还受到另外一个因子的控制。麦克林托克观察到，1944 年夏天所种植的那批玉米，它们的籽苗幼叶上出现一种奇特的变异类型，即在幼叶上有一对同源区域（它们来自一对姐妹细胞），其中的一半表现为色素减少，而另一半则相应地表现为色素的增多。从这一逆向关系中，麦克林托克领悟到一定是在有丝分裂期间，两个姐妹细胞中的一个得到了另一个细胞所失去的因子，该因子与调节突变频率有关，或者说它控制着 Ds 的解离事件，致使同源区域的色素呈现出逆向关系，这就是 Ac（Activation，意为活化）因子。Ac 因子与 Ds 因子构成一个控制体系，其中 Ac 因子的活动是自主的，即它能够自发“转座”（移位），并影响其他基因的表达；Ds 因子的活动是非自主的，因其中央部分发生缺失，失去了自发“转座”功能，只有当基因组上有同一族的自主因子（如 Ac）存在时，才能够“转座”（移位）。

遗传学交换实验表明，Ac 因子相当于一个显性因子，它位于 9 号染色体长臂上，Ac 因子与 Ds 因子隔开一段距离，却能遥控指挥 Ds 因子。但是，当欲精确定位 Ac 因子时，才发现 Ac 因子本身也可移动，又是一个“转座”因子！

后来的实验又进一步表明，Ds 因子除了能导致染色体解离，还可引起邻近基因的突变。当 Ds 因子插入显性有色基因 c 附近时，C 突变为隐性无色基因 c，或者说 C 的显色功能被抑制，于是，在籽粒有色的背景上就出现了无色区域；当 Ds 因子插入隐性无色基因 c 附近时，显性有色基因 C 突变为隐性无色基因 c，于是，在籽粒无色的背景上显示出有色区域。Ds 因子的跳跃是如此之快，致使它所控制的颜色基因时开时闭，从而表现为玉米籽粒上的斑斑点点。当然，这一切都需在 Ac 因子存在的情况下才会发生。

曾被看作基因不稳定性导致的玉米籽粒上的斑斑点点，现在通过基因的“转座”理论，就有了一个合理清晰的说明。从 1944 年发现最初的线索起，麦克林托克整整花了 6 年的时间，才构筑了一个完整的“转座”理论体系。其间大量的线索初看起来似乎毫不相关，凌乱不堪，但是，麦克林托克坚定地相信，其中必定能找到规律，从而使这些数据显现出意义来。这就是 Ac-Ds 体系的提出。

在 Ac-Ds 体系的背后还蕴藏着许多奥秘。麦克林托克发现，Ac-Ds 体系在 5 个已知位点上出现，其中 3 个与色素形成有关，第 4 个与淀粉组成有关，第 5 个与籽粒的形态有关。既然 Ac-Ds 体系能控制如此相异的基因行为，麦克林托克由此作出一个重要的推断，这就是它也能控制任何其他基因的行为。所谓基因的突变也许正是它们活动的结果。她的这一推论意义深远，因为经典遗传学的中心概念是把基因的突变看作随机的、不受控制的，而麦克林托克猜测突变受某种控制因子的制约，而这种控制因子的行为是对细胞内外环境的改变所作出的反应。

更深入的研究还表明，Ac-Ds 体系只不过是不同控制体系中最先发现的一个。比如，从基因 $A_1 \rightarrow a_1$ 的突变，就可以由不同的控制因子引起，其中有 Ac 因子、Dt 因子、Spm 因子等，它们所产生的表型完全相似，只是在做遗传学交换实验时，才体现出不同的行为。由此可见，整个“转座”理论层层叠叠，犹如一幢迷宫，然而，麦克林托克的手中有一根阿里阿德涅的线团（这根线正是用她那高超的想象力以及严谨的实验事实所编织），她在迷宫中运行自如，并由此向我们揭示了整个“转座”理论的非凡魅力以及由此产生的巨大应用价值。

## 五、无人喝彩——从被误解到被理解

在 1951 年的冷泉港学术研讨会上，麦克林托克通报了她对“转座”理论的研究，然而出乎意料的是，当时一流的遗传学家无法理解她所用的语言，麦克林托克受到了前所未有的冷遇。

就经典遗传学而言，摩尔根的基因理论强调的是基因的稳定性、突变的随机性。比德尔“一个基因一个酶”学说突出的是基因的功能性，即基因编码合成蛋白质的能力。然而，“转座”理论恰恰与此相对立。麦克林托克强调的是，基因可以在染色体上不同位点之间甚至在不同的染色体之间跳来跳去。稳定的基因竟然能随意移动，在当时看来这近乎天方夜谭。麦克林托克还认为，基因除了编码合成蛋白质，它还是一种控制因子，比如 Ac-Ds 体系。对于控制因子来说，它的任务不在于编码合成任何蛋白质，而只在于调节、控制其他基因的有序表达。这样一种控制的概念对于经典遗传学家来说也颇为生疏。

从另一方面来看，对“转座”概念的拒绝，也反映了经典遗传学方法本身的局限性。由于用经典方法得到的结论往往是间接的逻辑推理的产物，而对于“转座”这样大胆的观点，在没有直接看到这种现象的时候，遗传学家宁可采取怀疑的态度。很显然，若是没有 20 世纪 70 年代细菌遗传学的证实，“转座”恐怕仍不会被接受。此外，“转座”现象当时仅在玉米中发现，由于缺乏普遍有效性，要科学共同体接受这种理论，也是很困难的。可见，经典的方法往往会受到实验材料的限制。除了玉米，酵母、果蝇、细菌等“转座”现象都是用分子方法发现的。麦克林托克一生都对玉米情有独钟，玉米也正是她走向成功的关键。美国科学家发现在玉米基因组的 20 亿个碱基对中，“转座”因子就占了一半以上。这简直是命运对麦克林托克特别垂青！如果不是以玉米作为实验材料，也许我们今天还无缘与“转座”现象相识。

虽然麦克林托克大胆的观念未能引起喝彩，但在经典遗传学家的心目中，她仍享有崇高的威望。在1951年的冷泉港学术研讨会上，有人问斯特蒂文特——摩尔根的弟子，一位杰出的经典遗传学家——“麦克林托克刚才说了些什么？”斯特蒂文特回答：“我无法听懂她所说的每一个词，但如果她如此说了，那一定就是如此！”可见麦克林托克卓越的威望。

20世纪中期，也正是噬菌体遗传学派异军突起的年代，该学派是分子生物学的前身之一。然而在这一阵营中，麦克林托克被视为陌路人，因为这些科学家心目中的宠物是细菌、噬菌体这样一类结构简单、繁殖迅速的原核生物。噬菌体学派的创始人之一，曾是物理学家的德尔布吕克，在加盟生物学队伍之后，将物理学中的“简单性”思想、还原论做法带入生物学研究之中，认为生物学的研究应从最简单的对象着手。既然噬菌体已包含两种最基本的生物大分子——蛋白质和核酸，它们就可被看作生命系统的基本模型，更何况它们那惊人的繁殖速度（每20分钟一代）为研究带来了极大的便利。与噬菌体、细菌相比较，玉米就是一种高等真核生物，它的生长繁殖又极为缓慢，一年才熟一次。而且玉米是一种驯化植物，甚至没有野生型，从中引申出的概念在分子生物学家看来，就不会有一般的应用价值。而冷淡了玉米自然也就冷淡了麦克林托克的工作。

同样是关于基因调节的概念，20世纪60年代初，当雅各布和莫诺提出大肠杆菌中的操纵子模型时，立刻引起分子生物学家的普遍关注。其原因在于雅各布和莫诺使用的研究对象为大家所熟悉的公认的大肠杆菌。操纵子模型提出之后，麦克林托克欢欣鼓舞，因为她希望基因的调节概念被大家接受之后，她的“转座”理论也能为大家所承认。她立刻发表文章，将操纵子模型与“转座”体系进行类比，认为操纵基因与调节基因相当于玉米“转座”体系中的 Ac-Ds 控制因子，它们都担当起控制与调节基因表达的功能。但遗憾的是，分子生物学家虽接受了大肠杆菌中的操纵子模型，却仍然无法接受玉米中的“转座”体系。

20 世纪 70 年代以来，在对细菌、酵母、果蝇中陆续发现“转座”基因进行报道之后，人们才想起麦克林托克早在 20 世纪 50 年代就对玉米中的“转座”基因有过透彻的研究和报道。至此，麦克林托克那曾被看作天方夜谭式的异端思想才逐渐融入当代科学思想的洪流之中，随之各种荣誉也接踵而来：获冷泉港授予的“卓越贡献成员”荣誉称号，1978 年获罗森蒂尔奖，1981 年获拉斯克基础医学研究奖、麦克阿瑟奖和以色列的沃尔夫奖。1983 年，她终于摘取科学界的最高桂冠——诺贝尔生理学或医学奖。

## 六、独辟蹊径——与众不同的研究风格

与现代的分子生物学家相比，麦克林托克具有独特的研究思路与方法。在物理学、化学的熏陶下成长起来的新一代分子生物学家，更看重的是对象的结构而非功能。他们习惯于采用简单明了的分子克隆方法，将插入顺序提纯出来，然后进行分子结构的分

析。但是如此一来，这样的死分子也就失去了其活泼、能动的生物学功能。所以，当分子生物学家与麦克林托克刚刚开始合作时，他们之间甚至无法交流——因为两人说的不是同一种语言。前者仅关注什么材料适合克隆。对此，麦克林托克带着惊恐甚至轻蔑的眼光。确实，某些等位基因是如此不稳定，以至于在一个纯合植物的两个插入等位基因中的每一个都会发生遗传改变。当时，分子生物学家已经发现，噬菌体的染色体能插入细菌基因之中，它类似于玉米中的“转座”因子，但是，麦克林托克拒不同意这样一种简单的类比，她强调真核生物的复杂性，仅相信遗传杂交实验所阐明的一切。她还断然声称：控制因子（Ac、Ds）是一种基因，但是一种不同寻常的基因，这不仅表现在它们的功能上，也表现在它们的性质上，即 Ac 因子、Ds 因子不是由具体的物质分子组成，它们仅代表染色体特定结构的一种改变形式。最终，玉米中的“转座”因子（Ac、Ds）被克隆，其分子顺序也被测定，Ds 因子具有双倍的结构，所以能导致染色体断裂。随着“转座”因子的插入，染色体的 DNA 分子也确实变长了。在这一点上，分子生物学家的做法显然是正确的。

麦克林托克的教育背景以经典遗传学为主。相比于分子遗传学，经典遗传学有其独特的优越性，因为它直接将基因与功能对应起来，省去了中间过程，而不是像分子遗传学家那样，仅关注基因决定蛋白质的过程。这就对想象力的发挥以及直观的逻辑推理能力的运用，提出了更高的要求。对于麦克林托克来说，她主要用她的眼睛以及直觉推理能力，再辅之以显微镜和少数简单的反应物（试剂），当然还有正确的杂交实验。她选择、分析、保存了大量有用的玉米株系，提供给任何对此感兴趣的人（甚至还有从未种过玉米的分子生物学家）。麦克林托克的过人之处在于她看重偶然的失败，认为这正是线索的开始。凭着一双训练有素的眼睛，她总能看出一些不寻常的事例，比如有色背景上无色区域的分布，或是染色体上某一特殊位点的断裂（不同于其他事件引起的随机断裂），以此为线索。而接下去的推理又是如此复杂，对事实的分析一环紧扣一环，以致许多遗传学家如堕雾中。但是，它充分展现了人类智力以及想象力所能达到的深度。正是在此意义上，麦克林托克认为人类基因组这一宏大工程仅仅是一种编织手艺，因为它从根本上缺乏深刻的原创性和恢宏的想象力。也许这正可说明麦克林托克对分子遗传学方法冷淡的原因。虽说麦克林托克没有受过正规的分子遗传学训练，但她自 20 世纪 40 年代起就一直在冷泉港实验室这一分子遗传学研究中心工作。她长期与分子生物学家共事，每次学术报告她都不错过，并且总能提出一些发人深省的问题，可见她是完全跟得上分子遗传学前进的步伐的。正如她钟情于玉米一样，她也钟情于经典遗传学的方法，因为它富有想象力，并且直接面对活生生的功能。

对于一个分子生物学家来说，他们更多地将细胞看作一个试管，里面充满了蛋白质和核酸的复合物。而麦克林托克则首先把生命体看作一个有序的整体，其中的每个部分都处于相互联系的网络之中，对于微小的扰动，它能发挥有益的调整功能，“转座”体系即其中的一部分。这一独到的体验深深地影响了分子生物学家。夏皮洛回忆道，当他于 20 世纪 70 年代后期首次与麦克林托克接触时，他的研究正集中于“转座”因子的分子机制上。通过与麦克林托克的接触，他意识到这些因子必须整合到有机体的整体功能时才有意义——正是循着这一正确的思路，他才深入细菌的遗传系统，并有了独到的发现。

另一位分子生物学家费克当时正研究酵母遗传学，他用的是生物化学的方法。麦克林托克对他提了一个意义深远的问题：“你认为酵母中有‘转座’因子吗？”囿于偏见，费克认为“转座”因子只限于玉米中。所以，他说通过化学诱导剂的方法，已鉴定出 200 多个突变，但未发现不稳定的突变。对此，麦克林托克大笑，她说，发现“转座”因子绝不能用化学的或物理的这类人工诱导的方法。她强调，“转座”是一个自然状态下发生的事件而非人为事件。对自然的而非人为状态的珍视，正是麦克林托克不同于分子生物学家的独特视角，也是她对生物学思想的一份厚重贡献。

透过麦克林托克的研究思路，我们可以看到一种崭新的科学思维模式正在兴起，那就是以尊敬代替征服，以创造性的想象代替分析、还原的逻辑。麦克林托克把自己的情感融入研究对象，还用“基因组的震惊”这一类概念来描述基因的行为，仿佛一个基因能够觉察到各种情绪，如沮丧、兴奋等，它还能识别复杂的挑战，以寻求智慧的解决方法。总之，基因组就像有它自己的生命。在她看来，“转座”因子的移动正是生命体对内外环境的改变所作出的反应，这些也许正构成了进化的基本机制。

麦克林托克的思想连接过去与未来，横跨我们的时代。她的细胞遗传学研究在当时就为她赢得了声誉；她对“转座”理论的贡献是划时代的，正在为今天的我们所接受；她的进化观念也许将成为留给未来时代的一份贵重礼物。也许以今天的标准来看，她所留下的 73 篇论文数目并不多，但她的论文篇篇都经得起时间的检验，这对急功近利的现代人未尝不是一种良好的警示。

麦克林托克身材娇小，但体格健壮，精力充沛，这也正是她能成为一名优秀遗传学家的良好素质。她不仅在显微镜下观察细胞中的染色体，还在烈日下种植玉米；有时碰到连续几天的暴雨，她就要在玉米地里排水、培土，使玉米根系能牢牢地固着于土壤之中。

1992 年 9 月 2 日，她在冷泉港与世长辞。麦克林托克终生未婚，她把全部的挚爱都奉献给了玉米，奉献给了遗传学事业。正如诺贝尔颁奖委员会给她的致辞中所指出的：麦克林托克的成功，其意义远远超越了科学本身，“对于当局来说，保证科学的独立研究是多么重要；对于年轻的科学家来说，则证明简单的手段也能做出巨大的发现”。

确实，对于玉米籽粒上色斑的研究，初看起来似乎毫无应用价值。麦克林托克纯粹出于一种科学上的而非实利上的兴趣，默默地耕耘于这片园地之中。最终“转座”因子被证明不仅控制着玉米上籽粒色素的形成，更重要的，它还存在于其他生物之中。有关它的机理、“转座”过程中所发生的具体步骤，仍是今天分子遗传学所面对的重大课题。因此，麦克林托克的工作虽然是在经典遗传学框架内完成的，但她同时也开启了通往分子遗传学的一扇门。

面对荣获诺贝尔奖这一崇高荣誉，麦克林托克平静地说：“我觉得自己获得这种意外的奖赏似乎有些过分。多少年来，我在对玉米遗传的研究中已获得很多的欢乐。我不过是请求玉米帮助我解决一些特殊的问题，并倾听了她那奇妙的回答。”这就是麦克林托克，一位经历简单然而思想深邃的天才科学家。

（作者：陈蓉霞 禹宽平）

# 德尔布吕克

## 一个并不完美的分子生物学的奠基者

马克斯·德尔布吕克

（Max Delbrück，1906—1981）

## 一、告别量子物理学

德尔布吕克出生在一个知识分子家庭。他的父亲是柏林大学历史学教授，叔叔是该校神学教授，母亲是著名化学家李比希的孙女。他在童年及少年时期即置身于从事科研与商业的许多大家族的氛围之中，也经历过第一次世界大战期间的饥寒交迫、死亡威胁及战后的革命风波、通货膨胀。

他从孩提时就对科学感兴趣，首先关心的是天文学。对他影响最大的是一位长他 8 岁的物理化学家弗里德里希，后来成为德尔布吕克的指导者和终身朋友。

20 世纪 20 年代后期，出现了量子力学，而德尔布吕克攻读研究生的格丁根大学正是量子力学的中心之一，所以他把兴趣从天文学和天体物理学转移到理论物理学，就显得十分自然了。1930 年他获得理论物理学博士学位。

他的 3 年博士后是在英国、瑞士与丹麦度过的。在英国期间，他接触了一种新的语言和新的文化，并且扩大了生活视野。在瑞士和丹麦，他师从著名的物理学家泡利和玻尔，在科学求实精神方面获益至深。特别是在哥本哈根物理学实验室工作的两年，对他一生的学术研究方向影响至深。因为在那里他结识了玻尔，而玻尔当时正在对新的物理学所导致的物理学本质概念的基本变化进行哲学概括，并且在量子力学方面提出了并协性概念（海森伯提出的“测不准原理”就是这个概念的一例）。

德尔布吕克开始爱好生物学也是受到玻尔的深刻影响，因为玻尔认为他提出的并协性概念也适用于其他学科，特别是生物学。这个观点为德尔布吕克所深信，后来他为了验证这一点，竟然告别了量子物理学而正式投身遗传学。当时玻尔认为，为了了解生命最终是什么，就必须首先找到那些支持物质的生命集体的基本并协性关系，而这些发现可能来自生命的某种深刻的佯谬的发现。

1932 年，作为著名物理学家哈恩的助手，德尔布吕克移居柏林，希望在那里能够较密切地接近生物学。1934 年初在柏林形成了一个由物理学家和生理学家共同参加的研究小组，由著名的遗传学家、俄国移民季莫菲耶夫－列索夫斯基领导。

在这个时期，柏林的物理学界举行过一次“基础物理学的未来”学术讨论会，会议认为：物理学在最近一段时间里，将提不出有意义的课题；生物学中没有解决的课题为数最多；一些物理学家应该进入生物学领域。

德尔布吕克十分同意这个会议的上述论点。1935 年他和季莫菲耶夫－列索夫斯基、齐默一起发表了一篇题为《突变和基因结构》的文章。这篇文章写法十分独特，主要篇幅是各人发表各人的看法，只是在文章结尾部分才共同对某些生物学现象作出理论上的解释。德尔布吕克在该文中指出，在生物学中遗传学是玻尔的并协性关系最为适用的分支，因为极小的基因存在着一种长期的稳定性，它有可能包含一种深刻的佯谬。这篇文章还深刻地影响过薛定谔，使他撰写成了著名的小册子《生命是什么？》。

在此后不久，当他于1937年获得洛克菲勒基金会的资助，到美国加州理工学院摩尔根遗传学实验室工作的时候，他便彻底地和物理学告别，一脚跨进了遗传学的门槛。但是历史的发展并没有完全按照“基础物理学的未来”会议所预料的那样，在德尔布吕克离开哈恩不久，哈恩就发现了铀的裂变，德尔布吕克失去了参与这一重大物理学发现的机会。

但历史的发展又部分地证明了这次会议的预言，生物学里的确存在着极多的待开拓的课题，物理学家在那个舞台上的确发挥了重大作用，德尔布吕克本身就是一个极好的例证——成为美国“噬菌体学派”的主要奠基人，并成为1969年诺贝尔生理学或医学奖的得主之一。

## 二、遭遇噬菌体

德尔布吕克在摩尔根实验室工作的两年期间，遇到了莫大的困难。首先，一个理论物理学家要和果蝇的染色体打交道，实在是勉为其难。他在回忆这段经历时写道：“我在阅读那些望而生畏的论文时没有取得很大进展，各种基因型都有长篇累牍的陈述。太可怕了，我简直无法读懂它。”而且要让一个善于逻辑思维的物理学家在显微镜下观察极难识别的染色体，也实在是难为他了。

正在德尔布吕克举棋不定的时候，摩尔根实验室里的埃里斯从污水中分离到噬菌体，埃里斯让他参加以噬菌体为实验材料的遗传课题。当时电子显微镜尚未发明（电子显微镜发明于 1939 年），所以看不到这种病毒——噬菌体。当埃里斯向他示教噬菌体时，他甚至说："我无法相信它的存在。"但正是这位怀疑噬菌体存在的德尔布吕克，提出了对噬菌体分阶段的生长试验的设计，试图分清噬菌体生命周期的各个阶段。在此设想的基础上，他与埃里斯共同进行了著名的噬菌体一级生长试验。报道该试验的论文发表于 1939 年，后来被公认为现代噬菌体研究方向的开端。

1940 年，德尔布吕克转到了设在田纳西州纳什维尔市的范德堡大学工作。第二次世界大战期间，他受雇为物理学讲师，但研究的注意力仍集中在噬菌体方面。

1940 年他得到了在美国的定居权。但当时他的身份是敌侨，所以在政治上受到一定的歧视，于是德尔布吕克便专心致志地把全部精力投入到科研事业之中。其实作为犹太人的德尔布吕克，如果在德国居住，是会受到迫害的。足以说明这一点的是，他那些留在德国的许多亲属大多参加了反对纳粹的斗争，有的因之而遭到逮捕。

1940 年可以说是德尔布吕克学术研究的一个重要转折点，因为那一年他结识了卢里亚。卢里亚于 1912 年出生在意大利的都灵，1929 年在都灵大学学医，1935 年获医学博士，1940—1942 年在美国哥伦比亚大学内外科学院任外科细菌学研究助理。1938—1940 年在法国巴黎镭锭研究所从事科学研究，向巴斯德研究所的沃尔曼学到了噬菌体技术。沃尔曼是溶原性现象的发现者之一，沃尔曼发现的"温和的"噬菌体与嗣后德尔布吕克与卢里亚研究的 T 系列

（“烈性的”）噬菌体，分别属于两种迥然不同的噬菌体。在镭锭研究所工作期间，卢里亚接触了较多的物理学知识，并且成了著名物理学家费米的朋友。他和德尔布吕克一样，当时在美国的身份也是敌侨。

1940 年在美国费城举行了一次物理学年会。德尔布吕克参加这样的学术年会是可以理解的，但卢里亚竟然也偶然地涉足了这次会议。这两位都操德语的学者在会议休息时彼此认识了，交谈的内容是从理论物理学开始的，后来接触到卢里亚正在从事克吕格尔发现的葡萄球菌噬菌体问题，这正是两人共同关心的实验模型。但德尔布吕克当时对该种噬菌体抱有成见。

谈话结束以后，他们就来到纽约市哥伦比亚大学内外科学院卢里亚的实验室，在那里进行了 48 小时的噬菌体实验技术的交流，并且约定，第二年夏天在冷泉港实验室里继续进行共同的噬菌体实验。1941 年夏，在冷泉港举行了一次以噬菌体为主题的学术会议。会议结束后，德尔布吕克和卢里亚进行了一项共同的噬菌体实验。其间，德尔布吕克在冷泉港举行婚礼，新娘是玛丽·阿德琳·布鲁斯，二人婚后共生有 4 个子女。

德尔布吕克和卢里亚商议后认定，噬菌体可能是研究遗传学的一种新的实验模型，有必要推广噬菌体技术于理论研究，这样就使噬菌体获得了新的研究方向。

## 三、“噬菌体学派”的诞生

1915 年发现了噬菌现象，嗣后戴列尔把这种设想中的颗粒称作

“噬菌体”。他对噬菌体作了多年的研究，主要的研究方向一直是把它作为治疗和预防传染病的一种手段。当时世界各国研究噬菌体的学者大致都是按照这个方向进行工作的，尤其是苏联，这一研究方向得到了政府的大力支持。苏联在 20 世纪 30 年代把戴列尔请到格鲁吉亚首府第比利斯，建立了一个专门研究噬菌体的研究所，并在莫斯科集中了苏联科学院、苏联医学科学院、高等院校中有关力量对之进行系统研究。当时（一直持续到 20 世纪 60 年代）不断地报道噬菌体可以治疗和预防若干种细菌性疾病，特别是痢疾，一直发展到用行政的力量，在托幼机构中强行要求服用痢疾噬菌体预防小儿痢疾。但是长期的实践表明，这一研究方向是没有前途的，它在预防和治疗传染病方面没有出现显著的效果，于是这一研究方向就自然而然地从科技史中消失了。

德尔布吕克从 1938 年起分别与埃里斯和卢里亚成功地进行了噬菌体的一级生长试验和波动试验；在此基础上，他与卢里亚、赫尔希等人形成了美国“噬菌体学派”的核心，推动了细菌遗传学以至分子生物学的产生与发展，从而在生物学史上写下了辉煌的一页。这表明噬菌体理论研究方向是正确的。

与此相对照，当时写在苏联《医学大百科全书》（第三卷）中的下述记录成为历史上的笑柄：“近年来，在国外文献，特别是美国文献中，出现了一种对 T 群噬菌体研究方面所获得的资料万能化的倾向，这种倾向很难看作为正确的倾向。”

科学史家及分子生物学家把戴列尔的研究方向称为“近代的噬菌体研究方向”，把德尔布吕克开创的研究方向称为“现代的噬菌体研究方向”。

1943 年 1 月底，德尔布吕克邀请了一位年轻的微生物生化学家赫尔希访问他在范德堡大学的实验室。赫尔希也曾作过噬菌体的研究，并发表过多篇论文，从而引起了德尔布吕克的注意。由于双方谈得投机，德尔布吕克就邀请赫尔希加入他和卢里亚共同研究和组织现代噬菌体研究方向的行列之中，终于赫尔希成为嗣后“美国噬菌体学派”的核心人物之一，后来他们 3 人一起荣获 1969 年诺贝尔生理学或医学奖。科学史家戏称这个核心组是两个敌侨和一个“与社会不适应”的人物组成的。这个所谓“与社会不适应”的人指的是赫尔希，因为有的科学史家引用德尔布吕克的话说赫尔希是个不喝威士忌的人。

德尔布吕克和卢里亚相识并达成共识：研究噬菌体是研究生物自我复制的突破口。但是卢里亚声明，他并不同意德尔布吕克的如下设想——认为这是证实玻尔并协性概念在生物学中的实例；卢里亚还认为并协性关系可能来自生命的某种深刻的佯谬的想法过于浪漫。但最后卢里亚还是同意与德尔布吕克合作，并扩大其理论的影响，其方法之一就是每年暑期在冷泉港举行一次噬菌体研究的经验交流会，以吸引那些从其他学科来的学者熟悉噬菌体技术，所以从这个意义上来讲，这样的学术会议又带有培训班性质。

这种兼有培训班性质的学术会议每年举行一次，为期约 3 周。除了各自交换研究成果和研究思路，还可以自带设备在冷泉港实验室进行短期的实验。从 1945 年开始的每年一度的这一活动，影响逐渐扩大，参加的人员逐渐增多，活动方式越发丰富，例如增加了不定期内部刊物《信使》和《内部论坛》的出版，在活动的间歇期间还举行各种运动，如打球、游泳等。这 3 周的活动既富有精彩的科学内容，又富有浓厚的生活情趣。最盛时达到 37 个国内外研究机构和大学数百人参加。

1944 年可以说是这个噬菌体研究组的重要转折时期，因为鉴于各地学者应用的都是各自的噬菌体株和宿主菌体系，其实验结果就难以彼此比较。德尔布吕克遂于 1944 年提出集中在 T 系列的 7 个噬菌体株（即 T1、T2、T3、T4、T5、T6、T7，特别是其中的偶数株。它们都是以 B 株大肠埃希菌为宿主菌。这 7 个噬菌体株都是当时冷泉港实验室主任——果蝇遗传学家德梅雷茨所收集的）上进行实验研究，并得到了学术年会与会者的赞同。科学史界和分子生物学界曾经把这个共识戏称为“噬菌体条约”。

当时的冷泉港在学术上著称于世的是每年一度在暑期召开的量子生物学年会，每次为期 2 周，经常研究的课题是微生物的遗传和变异。此活动于 1933 年开始，二战期间中断，后于 1946 年恢复。自从 20 世纪 40 年代中期噬菌体研究组活动开展以后，后者几乎与前者同样吸引学术界的注意，成了冷泉港暑期与微生物学有关的两件盛事。

德尔布吕克在二战结束以后，辞去范德堡大学的职务，回到加州理工学院。在那里，他彻底摆脱了物理学教职的束缚，专攻生物学，一直到他生命结束。

德尔布吕克建立的噬菌体研究组被视为分子生物学的开端，德尔布吕克的严谨思维和开放式的交流铸成了一代分子生物学家，其间获得的科研成果后来纷纷获得了诺贝尔化学奖和诺贝尔生理学或医学奖。1965 年诺贝尔生理学或医学奖得主之一、20 世纪 70 年代法国巴斯德研究所所长莫诺曾经写道："就是在这样的场合（指冷泉港噬菌体学术年会），分子遗传学这一新的学科才获得它的躯体和灵魂。"他又写道：1946 年夏召开的以微生物的遗传和变异为主题的冷泉港会议"是噬菌体教的一次宗教会议……它有 3 位主教——德尔布吕克、赫尔希和卢里亚，而德尔布吕克是教皇，他在同辈中占据首席位置，正是他确定了这个'教'的'教义'"。

## 四、噬菌体研究组的解体

对于德尔布吕克在噬菌体学派中的作用，大部分学者的评价是积极的、肯定的，否则就很难设想，他们会获得 1969 年诺贝尔奖。例如 1947 年参加冷泉港学习班的西拉德及其助手诺维克把那里的课程称为"能使有物理学基础的人容易理解的生物学……在这 3 周的培训班里我们接受了许多清晰的定义、一系列的实验技术以及求得澄清和理解的精神。对我们来说，德尔布吕克几乎是单枪匹马地开辟了一个我们能够显露身手的领域"。

加州理工学院的同事欧文思评价德尔布吕克说："马克斯（德尔布吕克的名——笔者注）是精思勤研的模范：他善于找出关键性问题，并且能够既好又省地解决这些问题，仔细而认真地思考实验方法和实验材料；他能无情地评价自己或别人的实验结果和最后结论，并敦促迅速发表，请他人进一步审查和指正。他善于把大批有才干的人集中在他的周围，往往把他们从其他领域（特别是从物理学）吸引过来，通过实例和问答来教导他们，并愿意通过几乎一切途径从事自学。”

但是真正了解他的应该说是他的最亲密的伙伴卢里亚。卢里亚对德尔布吕克的评价是一分为二的。卢里亚在 1972 年认为，在最近 25 年中德尔布吕克在推选正确思路和有成果的研究路线方面的记录是不佳的。“其部分原因是他对科研选题抱着游戏人生的态度，而这种态度正是生物学的敌人。”“至于有人说他善于选择人才，我认为，不如说他极有才华，因为和他一起工作是令人振奋的。他的思维、他的思想方法，甚至他对别人的咨询（例如对克里克的咨询）都是他杰出之处。他在叙述和表达方面也表现出自己的卓越性，所以和他一起写作，也是同样令人振奋的。”

事实表明，卢里亚的评价是比较切合实际的，以德尔布吕克的事业为例，虽然他为分子生物学的奠基立下了汗马功劳，但是他想通过生物学，特别是遗传学的研究发现新的物理学和化学定律，尤其是想证实其导师玻尔的并协性概念适用于生物学的设想，却以失败告终。1953 年，德尔布吕克认为分子生物学的发展前途有限，于是就改变研究方向，从事以须霉属真菌为模型的感觉生理学研究，然而一直到他生命结束，仍然少有成就。

噬菌体研究组有它自己产生、发展和消亡的规律。该研究组赖以生存的根据之一是其思想与成果的开放性交流，这也是德尔布吕克的性格特征之一，是他从玻尔那里继承过来的。他特别推崇科学思想和成果的自由交流，而完全不管它们的首创性。他甚至说，他最讨厌在这方面保密。其极端的例子之一就是沃森在与克里克两人一起提出 DNA 的双螺旋的结构之后，把手稿寄给德尔布吕克，并在信中特别叮嘱不要告知正在作同一课题研究的波林。但是德尔布吕克收到该信后，还是迫不及待地给波林看了。幸亏波林看完立刻表示心服口服，没有酿成任何事端。

但是，像公开性这样一种在一定阶段可以适用的原则，并不一定适用于其他发展阶段。结果是：在噬菌体研究组成员成果辈出的情况下，大家已经不愿意完全开放自己的思路和未公布的成果，于是导致了 1960 年这个本来就松散的研究组彻底解体。用德尔布吕克的话来讲，就是："这个研究组的成功导致性格的改变和开放性的丧失，竞争的压力明显增大。"对此，他并不充分理解，于是他只好自我解嘲地说："当然各人有各人的口味、各人的需要、各人的思虑。我不认为这是令人高兴的事。"

不过德尔布吕克在噬菌体研究组这样一个松散的学术组织中的作用是被世人公认的。首先表现在 1966 年当他 60 岁寿辰的时候，加州理工学院的同事们为他举行了一次隆重的庆典；同时出版了一本纪念文集，题为《噬菌体和分子生物学的开端》，该文集收录了当时分子生物学界诸多名人的著作，突出地肯定了德尔布吕克的组织作用。

其次则表现在 1969 年诺贝尔生理学或医学奖的授予，虽然该奖的正式评语是"表彰他们发现了病毒的复制机理和基因结构"，但实际上他们 3 人的实验成果远远达不到诺贝尔级的成就。美国著名的分子生物学家、当年最年轻的噬菌体研究组成员之一的斯坦特在

1969 年的美国《科学》杂志上公开写道:“为什么授奖给这 3 位分子遗传学的最初发起者竟推迟达 30 年之久呢?(从德尔布吕克与埃里斯共同发表噬菌体‘一级生长试验’论文的 1939 年算起，正好是 30 年——笔者注)这是因为从诺贝尔奖的角度看来，其内容太综合性了。确实如此，对于诺贝尔奖得主来说，这的确是值得惊奇的，因为无论是德尔布吕克，还是卢里亚，他们的姓名都没有和任何一项专门的突破性的发现联系在一起，赫尔希的最为著名的实验仅仅是独立地证实了其他人在 8 年前所提出的推理。这倒并不是说这 3 位科学家迄今为止仍然不引人注目。相反，他们都受到广泛的尊敬，但是这种尊敬的基础对于那些陌生人(以及 30 岁以下的分子生物学工作者)来说是难以理解和不容易向他们解释清楚的。”斯坦特比诺贝尔委员会更直率地评价了这 3 位科学家，关于德尔布吕克的贡献，他写道:“30 年前他们开始将经典的孟德尔遗传学转化为后来的‘分子’水平的沃森 - 克里克学说。”

其实诺贝尔生理学或医学奖评奖委员会的代表加德在其介绍词中并没有掩饰这一点，只不过比较委婉罢了:“大概在 1940 年左右，德尔布吕克开始关心噬菌体，接下来卢里亚和赫尔希也很快这样做了。他们的目的是研究所有生命过程中最根本的过程——复制。……他们是彼此独立地进行工作的，但又互相密切合作。很早他们就形成了一个学派，他们所创造的激励人们智力的气氛吸引了来自许多不同领域和具有不同观点的卓越科学家。……第一位的荣誉应该归于德尔布吕克，他将噬菌体的研究从通常的经验主义范畴(指从戴列尔开始到苏联 20 世纪 50 年代以前企图将噬菌体变为防治传染病的重要手段的研究）提升为精密的科学。他分析和确定了精密测量噬菌体生物学效应的条件。他和卢里亚一起制定了定量的方法并建立了统计学的评价标准，有了这些方法和标准，进一步的深入研究才成为可能。德尔布吕克和卢里亚的长处也许主要是理论分析，而赫尔希首先是一位杰出的实验科学家。”

## 五、两项研究

作为理论研究时期开端的噬菌体一级生长试验是这样进行的：将T噬菌体和细菌以1∶10混合，以保证每个噬菌体都有侵染细菌的机会。吸附几分钟后将侵染的细菌稀释到抗血清中，以除去游离的噬菌体，接着再稀释到从万分之一到百分之一的浓度，接种于培养液中；在培养过程中取样测定噬菌斑数。试验结果表明，在培养液中噬菌斑形成的数目在侵染开始后24分钟内保持稳定。在这段时期里，侵染滴度并不增加，他们把这段时期称为潜伏期。

过了24分钟以后，在培养液中噬菌斑形成的数目开始剧增，直到约10分钟后才达到平稳状态，不再增加侵染活性。他们将这一时期称为上升期。达到平稳状态的最终滴度与被噬菌体侵染的开始滴度之比叫作释放量。对于T4噬菌体来说，释放量为100，也就是说每个被侵染细菌可释放大约100个噬菌体。

他们对上述结果作了这样的解释：在潜伏期中把已经侵染的细菌样品涂布在琼脂培养基上所产生的噬菌斑，并非来自游离的噬菌体游粒，而是来自被噬菌体侵染的细菌。这些细菌在它们的细胞内可能已经含有很多子代噬菌体了。尽管如此，涂布时却只产生一个噬菌斑，这是因为平皿中的琼脂将那些最后才从细菌中释放出来的上百个子代噬菌体限制在一个侵染中心之内。只有在潜伏期结束之后，细胞内的噬菌体已经从宿主菌内释放到培养液中，每个子代噬菌体才能在琼脂表面形成各自的侵染中心——噬菌斑。

德尔布吕克在一级生长试验论文的序言中加进的一段话，足以反映他们的评价："过去有种错误的观点认为，细菌病毒是一种化学分子而不是生物。我们的工作则表明，某些大的蛋白（其实后来证明，噬菌体的成分是核酸与蛋白质各占一半——笔者注）分子（病毒）具有在物体内增殖的特性。"

当时德尔布吕克认为，噬菌体的大小与基因相当，噬菌体的自我复制能力如此强大，受它侵染的细菌正是研究自我复制的理想的试验系统，通过这短短半小时的潜伏期观察亲代噬菌体如何在被侵染细菌体内复制是最为困难的问题。不过整个一级生长试验的意义首先在于其突出的简单性，所采取的操作可以保证所有噬菌体同步地侵染宿主细菌。总之，该论文具有德尔布吕克撰写的论文的特征：论证清晰、风格精练。

德尔布吕克在完成这个试验之后仍然念念不忘导师玻尔的思想对他的影响，甚至将这一试验的成功也归功于玻尔。1946 年德尔布吕克在一次演讲中说道："你们可能会奇怪，这些天真的门外汉怎么会了解细菌病毒的。我可以告诉你们，这完全是意外的机遇。……这位理论学家对生物学，特别是对噬菌体知之甚少，他完全是在偶然的场合闯进这个领域的。……他曾经是玻尔的学生，而玻尔是一位对生物学的基本课题十分熟悉的导师，……一个病毒进入细菌细胞，20 分钟以后细菌细胞便溶解了，释放出 100 个病毒颗粒。他可能会说：'这是怎么回事，一个病毒在 20 分钟里变成同种的 100 个病毒颗粒？这真令人感兴趣。让我们找出它是怎样发生的，病毒是怎样进入细菌的，它是怎样增殖的，它是和细菌一样地增殖、生长和分裂，还是以一种截然不同的机制增殖的……'

"也许你们乐于知道，这个带有稚气的年轻人 8 年以后是什么样子，并且会迫不及待地询问，他是否解决了这个生命之谜？这个问题使他感到为难，因为他在解决自己提出的问题方面没有取得很大进展。他的答复可能很快使这场失败合理化：'我犯了一个小小的错误。我不可能在几个月里解决这个问题，很可能这需要好几十年，而且需要好几十个人的帮助。'"

科学史家认为，一级生长试验提出的问题比它解决的问题更多。尤其是潜伏期中噬菌体在宿主菌体内究竟如何行动的这个问题很有意义。好在这个问题在 1948 年由德尔曼部分地解决了，不过他随之又提出了新的课题，从而使这个课题更加复杂化了。

德尔布吕克和卢里亚将共同进行的一项著名试验称作"波动试验"，相关论文的标题是《细菌从抗病毒性到对病毒敏感性的突变》。这项试验的设想是从发现耐受性宿主菌体而产生的。在他们的试验过程中，经过计算，大约每 10 亿个宿主菌体中有 2—3 个个体能够逃避被噬菌体侵染而继续产生后裔菌株。这种耐受菌在 20 世纪 40 年代后期随着抗生素的出现和广泛应用，受到了学术界的更大注意，这就是耐受抗生素的菌株。

这项观察开始于 1942 年夏，当时德尔布吕克、卢里亚和安德森成功地使噬菌体侵染每个发育阶段的大肠埃希菌，使其细胞壁裂解，并释放出数以百计的病毒颗粒。但与此同时也观察到了上述耐受性现象。

卢里亚于 1943 年 1 月设计了这项试验，用来比较细菌体内因诱导而产生的耐受性与自然选择所产生的耐受性之间的差别。结果显示，细菌的耐噬菌体突变体的产生是随机的。卢里亚把试验结果寄给德尔布吕克，德尔布吕克花了 14 天时间对该次试验结果作出了数学模型的报告。经过德尔布吕克的处理，细菌对噬菌体耐受性的波动性呈统计学上的泊松分布，后来人们认识到单个突变体细菌的多个子代能形成一个克隆。所以从某种意义上讲，波动试验还是形成“克隆”概念的前驱。这样一来，这一试验就成为卢里亚和德尔布吕克的共同研究成果。

这项试验的结果是细菌会发生突变的第一个证据，因为细菌学者从 18 世纪以来受到拉马克主义的影响，一般都接受细菌获得性遗传的概念，而对突变抱有偏见，所以卢里亚常常把细菌学说成是“拉马克主义的最后据点”。但是在他们的波动试验中，在没有加入 T1 噬菌体以前就发现少数细菌细胞中存在着耐受 T1 噬菌体性状的细菌细胞。他们的分析表明，这些突变型或它们的祖先，也许是通过那个对控制 T1 噬菌体接受点的合成有关的酶的细菌基因 ton 的突发性突变，在 ton 敏感培养物的生长和分裂期中自发地产生。由于这种细菌变异的观点和新达尔文主义的观点十分吻合，因此推翻了“拉马克主义的最后据点”。

值得一提的是，1944 年在前线打仗的法国微生物学家莫诺在美国流动图书馆中借到了一本《遗传学》杂志，读到了上述的波动试验，开始关注分子遗传学。战后他与利沃夫和雅各布共同荣获了 1965 年诺贝尔生理学或医学奖。

有的科学史家认为，有关波动试验论文的问世意味着细菌遗传学的诞生，因为德尔布吕克和卢里亚的分析表明，细菌产生耐受噬菌体侵染的机理，不是一种适应而是一种基因突变，从而间接表明，细菌也是具有基因的。这些科学史家竟然把波动试验提到 1865 年孟德尔豌豆试验而产生经典遗传学的高度。他们的依据是，虽然德尔布吕克和卢里亚并不是首先研究细菌突变的人（研究大肠埃希菌突变型的是马西米，比他们早 35 年），正如孟德尔也不是用植物杂交研究遗传学的第一人。这种对比是否给人以拔高的感觉，值得深思。

对于波动试验另一种高度评价是这样的：1938 年李普曼从细菌能够凝结牛奶开始，提出一项成果，表明在细菌的产生过程中存在着能量的转移。1940 年，比德尔和塔特姆利用面包酶首次证实了基因的功能是对酶的特异化（从而他们荣获了 1958 年诺贝尔生理学或医学奖）。而德尔布吕克与卢里亚在 1943 年证明了细菌具有基因，从而封闭了这个圆圈。足以支持这种高度评价的事实是，在德尔布吕克与卢里亚完成波动试验后仅仅 9 个月，在法国巴黎的莫诺与奥杜鲁证实了细菌通过基因突变可以获得适应性酶，而基因突变正是在该酶的合成诱导下完成的。

总之，这些高度评价都说明了一点，过去没有被遗传学家重视的单细胞生物终于进入了孟德尔开创的遗传学王国。过去被卢里亚称作“拉马克主义的最后据点”的细菌学终于被攻克了！

## 六、不明智的转向

1953 年，分子生物学正处于迅速发展的高峰时期，德尔布吕克却因为并协性概念未能在生物学中被证实而离开了这个值得珍视的学术领域，开始利用须霉属真菌研究感觉生理学。这一研究方向的转变粗看起来十分出人意料，很难让人理解，却是符合德尔布吕克的思维逻辑的。

须霉是一种腐物寄生性真菌，但它对光很敏感，它的菌丝会向光的方向弯曲。这种趋光性被德尔布吕克认为是一种适合于从分子水平研究感觉生理学的简单模型，正如打开分子遗传学大门的噬菌体一样。虽然 1954 年德尔布吕克在分子生物学这条主要战线上发表过几篇理论性文章，主要涉及 DNA 复制之谜和密码问题，但是后来的研究工作完全集中在须霉上。其结果正如沃森在 20 世纪 70 年代的评价那样：几乎可以说他依然故我。由此可见，转变到不正确的研究方向给一位大科学家带来何等的不幸！

须霉的研究虽然没有给科学带来突破，也没有给德尔布吕克带来更多的成功，但是简单地追述一下该菌吸引德尔布吕克的那些特性，对于后人理解一位分子生物学家如此大幅度地转变研究方向来说，是有一定的价值的。

须霉的孢囊柄（该孢囊柄是一种单细胞）呈圆柱状，在其顶端有一个生殖用的孢子。该孢囊柄在空气中的生长速度很快，约为每小时 2—4 毫米。如果附近出现了光的照射，则其生长速度在几个小时内就会加快，而且出现趋光性。因光照的强度越高，生长的速度越快，故被称作光生长反应。在实际的试验场合中，往往使用辐射来代替普通的可见光源。

但是须霉的趋光性还有正、负两种。在紫外线的照射下出现的一种负趋光性，是向相反方向的弯曲。即使在正趋光性的场合，也会出现一段时间的逆向运动（即负趋光性弯曲）。怎样来解释光接受性、细胞内调控和细胞长大等方面互相联系的课题，就不是十分简单的问题了。德尔布吕克在这方面作了大量的研究。

感觉生理学主要是高等生物的一种特殊的生理科学，将这个课题还原为单细胞生物的趋光性，看来是难以取得突破性成就的。德尔布吕克将噬菌体作为分子生物学的模型和将须霉当作感觉生理学的突破口，看来是一种不恰当的类比。

## 七、对新生事物的态度

德尔布吕克对新生事物的态度也是一分为二的。舍去他对须霉研究的问题不谈，他对科学研究事业中出现的重大成果的态度，有时是很敏感很积极的，而有时则显得保守。

他对自己的学生沃森（沃森的博士研究生导师是卢里亚，但德尔布吕克也是其导师之一）与克里克一起发现了 DNA 分子的双螺旋结构的高度评价，反映了其敏感的洞察力。这篇沃森、克里克的论文，发表在 1953 年 4 月 25 日出版的英国《自然》杂志上。在此之前的 3 月份，德尔布吕克曾经读过沃森寄给他的底稿，4 月 14 日他写信祝贺沃森，信中说："我和我的同事不断地探讨核酸的结构问题。我对它思考得越多，这个问题就越使我倾心。"这年夏天在冷泉港组织了以病毒为主题的年会，双螺旋结构的论文在会上进行宣读，赫尔希对之反应不佳，公开在会议上评价说："这个结构不能成为 DNA 遗传功能的科学判断的充分根据。"与赫尔希的态度相反，德尔布吕克作为噬菌体研究组的组织者向每一位与会者赠送了沃森与克里克的论文复印件，极力推崇这一发现。

他写信给哥本哈根的导师玻尔，在信末他写道："在生物学中正在发生非常显著的事情，我认为沃森已经完成了一项可以与卢瑟福在 1911 年的发现相比的成就。卢瑟福于 1911 年发现原子的密度集中在其核子之中，而这一发现是原子结构发现的第一步。"后来他在别的场合又说："沃森－克里克结构指出了一种希望，从三维化学即立体化学、酶化学的角度看来，完全地解决这个问题就有了可能，而这些问题过去是不清楚的。"需要指出的是，沃森与克里克的学说是在 1962 年获得诺贝尔生理学或医学奖后，才被全世界的学术界最终承认。

1944 年在细菌遗传学中出现了一件重要的事件，那就是埃弗里等 3 人弄清楚了肺炎双球菌中的转化因子在 DNA 中。

DNA 作为遗传信息的载体，是当时许多生物学家、遗传学家接受不了的，因为在他们看来，核酸不过是一种"愚笨的"四核苷酸而已。DNA 不过是这类四核苷酸单调而均匀的大分子而已，正如其他的聚合物组成淀粉那样。

与此同时，更多的人相信基因中的蛋白质才可能是遗传信息的载体，因为在同一生物体中的异源蛋白质之间，或者在不同生物体中的同源蛋白质之间，在结构的特异性上存在着极大的差异。

1943 年 5 月，德尔布吕克在范德堡大学工作时遇到了 O. 埃弗里的哥哥 R. 埃弗里，后者说他收到了弟弟从纽约（洛克菲勒研究所）寄来的一封长达 14 页的信件，叙述了用肺炎双球菌做的转化试验。但是 O. 埃弗里不是噬菌体研究组的成员，有的科学史家认为，这是 O. 埃弗里的成果久久未被人认可的原因之一。尽管发表该论文的是世界著名的《实验医学杂志》，因为科学史家统计了 1944 年发表于该刊的论文的被引用次数，结果发现噬菌体研究组主要成员很少引用这篇论文。在 1944 年以后的 10 年中冷泉港年会上也很少有人讨论这篇论文。

这种状况曾经引起德尔布吕克的不安，他认为 O. 埃弗里的工作是科学思想史中的一个重要段落，不应该受到如此冷遇。后来他告诉科学史家："人们用引文的统计数来支持其不受欢迎的论点，这是不确切的。首先，至少从 1942 年起卢里亚和我是很重视他的工作的，甚至可能从 1941 年起就是如此。在 O. 埃弗里的伟大发现发表之前接连有两年的夏天，我们去洛克菲勒研究所拜访他，他对我们的工作也非常关心，我们对他的工作也十分关心。虽然 O. 埃弗里用的那些方法当时是很粗糙的和不确切的，但他的主要贡献在于使该试验成为可重复的。

"他在该文中确有非常令人感兴趣的东西。后来当他肯定这一发现的时候，我是最早读到他的手稿的人之一。事实上我是在几年后才发掘出这封信的价值，因为有一次在国家科学院，人们要我发言，特别是讲讲 DNA，于是我就提到了这封信，并写信给 O. 埃弗里夫妇，他们花了整整一个星期翻箱倒柜终于找到了这封信。现在已经成为 O. 埃弗里逝世后的纪念品了。我之所以谈到这一切，是因为我们非常重视 O. 埃弗里的工作和他的发现。”

由于 O. 埃弗里英年早逝，当他的成果被学术界认识以后，已经没有可能获得诺贝尔奖了，这是学术界引以为憾的一件史实。德尔布吕克作为一名分子生物学派的组织者，虽然曾经表现出他的慧眼，但由于未能认识到当时妨碍学术界评价 O. 埃弗里的发现的社会原因，所以也只能孤掌难鸣，形成不了大气候。

德尔布吕克的失误，不仅表现在他后期选择研究方向方面，也表现在他对溶原性的评价方面。如上文所述，噬菌体实际上存在着性状很不相同的两大类：“烈性的”和“温和的”。所谓“烈性的”（“有毒的”）噬菌体会侵染宿主菌，并使后者裂解。“温和的”噬菌体可在一个菌株体内有毒力地增殖，又可在某个时候侵染第二个近缘的菌株，然后消失。它并不裂解其宿主，但存在于其中，而细菌则不受损害地增殖，而且不会再受同株噬菌体的侵染。不久在培养物中又会发现游离的噬菌体，即可产生噬菌斑。这种宿主菌被称为“溶原性”菌株，而这种噬菌体则被称为“温和的”噬菌体。

德尔布吕克所推广的 7 株 T 群噬菌体都属于“烈性的”，此前一直到戴列尔，人们所接触的也大都是“烈性的”。因为噬菌体而接触溶原性较多的是法国巴斯德研究所里的沃尔曼夫妇，可惜他们在 1943 年 12 月被纳粹关进了集中营，后来销声匿迹，估计已经惨死在盖世太保的手中。接着研究溶原性的是他们的学生利沃夫。此外，澳大利亚的著名免疫学家伯内特也发现了这一现象。这两位学者先后都获得了诺贝尔奖。

德尔布吕克囿于自己的狭隘实践，不相信有溶原性菌和温和噬菌体的存在，当然在当时这种溶原现象也存在着不可预测的缺点。但是保守的思想促使德尔布吕克对法国和澳大利亚学者的工作采取一概否定的态度，并且硬说这些试验受到了活染，因为他在 B 株大肠埃希菌和 T 系列噬菌体中从未见过！

人们庆祝德尔布吕克 60 岁寿辰的时候，在纪念文集中收录了利沃夫的一篇专文《论溶原性》，可以说这是对他当年狭隘实践观念的极好批评。实际上德尔布吕克和他的噬菌体研究组接触的噬菌体都属于“烈性的”一类，完全基于一种偶然性。如果当时他们遇到了“温和的”噬菌体和溶原性宿主菌的话，情况就会大不相同：那些赖以做出众多分子生物学成就的实验模型，也不可能在科学史上放出如此耀眼的光芒。

## 八、消极的哲学思想

和导师玻尔相比，德尔布吕克的哲学思想显得比较零乱和肤浅。他认为科学与存在之间存在着根本性的矛盾。“在科学方面，我们似乎是永生的。我的意思是说，我们否认这样一个事实，即我们中的任何人都将不再存在。其实不仅在科学方面，在日常生活中我们似乎也是永生的。关于生活方面（在科学方面更是如此）

的思维模式，整个说来，我认为人们的行动前提似乎是永恒的，仿佛死亡并不存在，特别是科学家的死亡是不存在的。”作为思虑的一部分，如果你注意一下存在主义之父——海德格尔，那么他确实给存在、人类的存在，下过定义。该定义首先是趋向死亡，是一种趋向死亡的生存。其本质是一种思虑的生存、小心谨慎的生存。

“科学家所应做的是从思虑中超脱出来。科学家还试图对他周围的现象做出一个真实的全面图像。……我的烦恼在于科学的方法似乎是：科学家是不死的。我怀疑的是，它提示你正好无法表达的现实领域的丧失。”

他对科学发展的前景表示悲观，例如他曾经说过：“我认为，科学像现在这样发展下去，将会导致一种被剥夺的存在。”

总之，他后期的科研生涯长时间地处于不顺利的状态，与他前期的辉煌形成明显的对照，这可能是其悲观的哲学思想产生的根源。

考虑到德尔布吕克企图从生物学中概括出新的物理和化学规律，有人认为他在哲学上是一个还原论者。但是德尔布吕克本人否认这一点。

从哲学思想方面来说，德尔布吕克并没有留下一篇完整的哲学论文。

（作者：傅杰青）

# 雅克·莫诺

## 基因调节理论的创立者

雅克·吕西安·莫诺

（Jacques Lucien Monod，1910—1976）

雅克·莫诺是少数几个光彩夺目的分子生物学家之一，是在分子水平上深入基因调节控制领域的开创探索者。他同他的合作者发现了在原核细胞的基因水平上调节控制的操纵子理论。此外，他还有其他建树，如预言信使 RNA 的存在、建立蛋白质的变构理论等。他天赋独厚，思想敏锐，多面发展，在政治、哲学、音乐等许多方面都有突出的表现。他的极不平凡的一生，给人类留下了丰富的、宝贵的遗产。

莫诺于 1910 年 2 月 9 日出生于法国巴黎。他的家庭富于艺术传统并爱好科学。他的父亲是画家，爱好音乐并喜欢读书，对达尔文的进化论有着特殊的兴趣，对科学与社会共同进步的信念颇深。这些深深地影响着莫诺，引导他走上科学的道路。他的母亲是具有苏格兰血统的美国人。莫诺是这个家庭中四个孩子中的第三个。1914 年第一次世界大战爆发，他们举家迁往瑞士和法国南方的一些地方，1917 年，定居于法国东南临地中海的城市戛纳。在进大学以前，莫诺一直在那里受教育。后来那里的住房由他继承，成为他度假、休息的场所。1976 年 5 月 31 日，莫诺因患白血病在戛纳去世。

莫诺于 1938 年同布鲁尔结婚。布鲁尔是考古学家，喜欢中国西藏和尼泊尔的艺术，后来成为一座博物馆的馆长。她为人谨慎稳重，在性格和文化两方面均同莫诺互补。他们有一对孪生子，一个成为物理学家，另一个成为地质学家。

## 一、作为科学家的莫诺

莫诺最主要的科学成就从 1940 年就开始了，经历了约 30 年的时间。他从细菌营养及细菌生长速度的关系开始研究，抓住异常的二阶段生长曲线不放，从酶的适应性的研究逐步深入到发现不只是一个基因对酶的生成负责，而是一组基因调节控制着酶的生成，等等。揭开他取得这些成就的历史背景，考察他是在什么科学基础和科学社会环境中又是在什么科学思想和逻辑思维的引导下，把科学研究一步步引向深入，的确能给人以多方面的启发。

### 1. 科学生涯的开始阶段

莫诺于 1929 年到巴黎大学生物系读书，1931 年获学士学位。莫诺后来才了解到，那时法国的生物学教育，与同时代的先进水平相比，落后了约 20 年。幸好那时巴黎大学学动物学的学生每年暑假都可以到北部的一个生物实验站实习，得到增长知识的机会。

在这个生物实验站里，莫诺结识了对他后来科学生涯起重要作用的 4 位法国生物学家。专长于昆虫学和海洋生物学的乔治·泰西耶，是生物实验站的站长，巴黎大学教授。莫诺从他那里得到了对生物定量描述的基本训练。其妻妹后来成为莫诺的妻子。莫诺从生物化学家路易斯·拉普金那里学到了一个重要思想，即只有用化学的和分子的描述才能给生命功能以透彻的解释。这一思想后来贯穿在莫诺一生的科学工作中。微生物学家利沃夫是莫诺的老师、同事和终生的挚友。1921 年以后他一直在巴斯德研究所工作，对莫诺的科学工作，特别是在开始阶段提供了很多帮助。在反法西斯斗争中他也支持莫诺。而对莫诺的科学生涯起关键作用的是生化遗传学家埃弗吕西。

埃弗吕西，1902 年生于莫斯科，大学毕业后移居法国。1934 年当他在美国加州理工学院摩尔根实验室学习时，遇到了后来成为美国生化遗传学家的比德尔。一年以后，他们一起到法国，从胚胎发育的观点出发，做了一个有名的实验：他们移植不同色素的果蝇幼虫眼芽，观察移植体上眼色素的变化，发现色素生成过程受基因控制的主要现象。正是这一现象引导比德尔回美国后继续研究，得出“一个基因一个酶”的概念，推动了遗传学的发展。在那时美国遗传学蓬勃发展形势的鼓舞下，埃弗吕西想方设法改变法国遗传学的落后面貌。1936 年洛克菲勒基金会资助他在法国发展遗传学。作为这项工作的第一步，他要求再去摩尔根实验室工作一年，并且要求带一名助教去受训练。莫诺正好是他看中的人选。

这时莫诺已经工作了 5 年。受过一年微生物学的训练，研究过 3 年单细胞纤毛虫，1934 年春季到格陵兰进行了生物学考察，研究自然史，1934 年 10 月转到巴黎大学动物学实验室任助教。这段经历对他巩固和提高生物学的基本知识十分有益。1936 年夏，正当他准备到格陵兰作第二次科学考察时，埃弗吕西告诉他，经过有力的推荐，洛克菲勒基金会破例同意资助尚未获博士学位的莫诺去美国学习一年。莫诺稍加考虑就同意了。从此莫诺进入了他感兴趣的遗传学领域。

然而，莫诺在摩尔根实验室这一年的表现，竟使埃弗吕西十分失望。莫诺被派在成熟的细胞遗传学家 C. B. 布里奇斯处学习细胞遗传学的基本操作技术。莫诺对此很不感兴趣，经常离开岗位去组织乐团演出。这使埃弗吕西十分尴尬，也使他发愁莫诺能否成为他在巴黎开展遗传学工作的助手。1937 年夏，资助期满，莫诺听了埃弗吕西及其兄长的劝告，放弃了在美国从事音乐工作的机会，回到了巴黎。他继续在埃弗吕西实验室工作了几个月，终因思想作风距离太远而同埃弗吕西分手了。

其实，莫诺在美国的一年还是很有收获的。这一年的经历不但使他学到了遗传学的基本知识，而且对他学风的形成有着深远的影响。当时的摩尔根实验室是美国甚至是世界上一流遗传学家云集的地方，学术思想十分活跃，经常进行自由的、紧张的、批评式的学术讨论。不同年龄、不同级别的同事之间相互的关系也是无拘束的、坦率的。这些，使莫诺第一次领略到一种同法国科学界传统迥异的风格，而这也成为后来莫诺在巴黎实验室中的学术风格。许多同莫诺在一个实验室工作过的同事，对有他参加的各种自由的学术讨论和相互间无拘束的讨论氛围都十分留恋。

## 2. 博士论文中遇到了难以解释的二阶段生长曲线

莫诺离开埃弗吕西，回到巴黎大学动物学实验室，在乔治·泰西耶领导下工作。这时莫诺开始准备他的博士论文，为此他去请教利沃夫。利沃夫告诉他，研究生长问题，纤毛虫太复杂，不是理想的材料，最好改用能在人工配制的培养基中生长的细菌，如大肠杆菌，便于控制各种条件。莫诺采纳了这个建议，从 1973 年起用大肠杆菌为材料进行生理研究。此后，他的工作从来没有离开大肠杆菌，只是那时候细菌尚未进入遗传学研究领域。从 20 世纪 40 年代至今，遗传学飞速发展，大肠杆菌与噬菌体已经成为被分子生物学家研究得最透彻和得心应手的重要实验工具。

莫诺用各种单糖、双糖或者两者的混合物作为能源培养细菌，得出了生长速度是糖浓度函数的结果。但是异常的现象发生了：当他用葡萄糖和乳糖同时作为能源时，曲线开始上升，当葡萄糖用完时，曲线呈现平坦，然后再上升。莫诺称之为二阶段生长曲线。1940 年 12 月，莫诺去见利沃夫，寻求对这一现象的正确解释。莫诺以为是发生了某种抑制作用。利沃夫告诉他，消化乳糖的酶需要一段时间才能出现，这类似于 1900 年就有人提出过的“酶的适应作用”。这是莫诺第一次听到这个概念。后来的一段时间里，莫诺的一系列研究都是围绕“酶的适应作用”进行的。1941 年夏，莫诺取得了博士学位。

1943 年，莫诺确认他的二阶段生长曲线是表明酶的适应作用的一种特殊生化模式。通过查阅文献，他了解到 1938 年英国的尤德金已经做过类似的实验，并提出了酶是从其“前体”转变来的，同前体经常处于平衡状态。尤德金把酶分为组成酶和适应酶两种，认为组成酶是细胞的正常成分，由于代谢的需要，经常有利于组成酶的生成；而适应酶经常只有痕量存在，虽然同前体也处于平衡状态，但只有当适应酶的底物存在时，才有利于其形成。莫诺对尤德金的假说进行了研究并加以修饰，认为在他的研究中，分解葡萄糖和乳糖的两种酶可能有一个共同的“前体”，两种酶同“前体”之间处于一种竞争状态。在开始时，有利于产生分解葡萄糖的酶。当葡萄糖被用完以后，则改变为有利于前体产生分解乳糖的酶。这一假设，在一段时间内成为莫诺研究工作的主导思想。

由于第二次世界大战的爆发，巴黎被希特勒的军队占领，莫诺参加了反法西斯的地下武装斗争。他的研究工作也因之时断时续。因盖世太保对他的搜捕，他离开了巴黎大学，到巴斯德研究所借助利沃夫的掩护，暂时得到一席之地。1943 年底到 1944 年初，他同利沃夫的一位研究生合作，开始了一组新的实验。当时，对适应酶存在着两种解释：（1）适应酶的出现完全是由于乳糖的存在，即“底物”的存在决定了适应酶的产生；（2）由于细菌的自发突变而产生适应酶。为了确定究竟是哪种因素起作用，莫诺等选择出一种缺乏消化乳糖能力的大肠杆菌突变体。当乳糖存在时，这种突变体能变为有消化能力的菌株，只是在生长曲线中，平坦的部分变长，时间的间隔长达一小时或更多。莫诺认为这并非由于两者存在消化乳糖的酶体系，只是消化乳糖的能力有所不同，这种基因表达的不同现象吸引了莫诺，使他继续前进。这也是他的工作同遗传学发生联系的开始。

3. 从“适应酶”到“诱导酶”

第二次世界大战结束前巴黎已经解放，莫诺仍在军队服役。他有机会到美军流动图书馆中阅览。他找到几本有关遗传学的杂志，读了 O. 埃弗里在 1944 年发表的关于 DNA 是细菌的转化因子的文章和卢里亚、德尔布吕克关于细菌自发突变的文章。莫诺顿觉眼界开阔，想较多地集中精力进行研究。他的这项工作虽不为巴黎大学重视，却受到利沃夫的支持。1945 年秋，莫诺转到巴斯德研究所微生物生殖实验室，继续其有关大肠杆菌生理的研究。

1946 年夏，莫诺随利沃夫到美国参加战后第一次召开的冷泉港专题讨论会，这成为他研究工作的新转折点。会议的主题是“微生物的遗传和变异”，对分子生物学的发展影响很大。这时“一个基因一个酶”的理论已经得到了普遍的承认。而最吸引莫诺的则是另两篇报告：一篇是德尔布吕克和赫尔希有关噬菌体在细胞中重组的报告，另一篇是莱德伯格和塔图姆关于细菌间也有“基因交换”现象的报告。他们称这种现象是细菌的有性繁殖，也就是“细菌接合”。他所用的菌株是塔图姆早已熟悉的大肠杆菌 E. coli $K_{12}$。从此 E. coli $K_{12}$ 就成为遗传分析研究的重要材料。因为细菌对一个特定基因来说，其表型比高等生物要简单得多。莫诺的二阶段生长曲线的实验则作为利沃夫的细菌营养突变报告中一个重要的例证介绍给大会，这引起了与会者的注意。莫诺被邀请于下一年到冷泉港专门讨论“生长”问题的会议上作专题报告。

为了准备这个报告，莫诺查阅了全部有关文献。经过整理分析，得到了一个清晰的概念，即他所发现的现象，迄今为止，仍然是一个“谜”。他认识到他所研究的酶的适应性问题正好处于遗传学和生物化学的交叉点上。这就使莫诺坚定地沿着自己已经走过的道路走下去，放弃了在 1946 年夏冷泉港会议期间出现的改作噬菌体研究的念头。莫诺 1947 年报告的题目是“酶的适应现象及其在细胞分化中的意义”。在报告中，他明确地提出，当时的中心问题是，在适应酶的形成过程中，诱导“底物”同专一基因（或基因群）各自的作用。诱导物的作用是影响酶分子形成的全过程，还仅仅是一种激活作用，或者只促使“前体”形成新酶分子。

莫诺回到巴黎后，就集中力量从大肠杆菌中提取大量能使乳糖分解为葡萄糖和半乳糖的乳糖酶。1948 年底美国纽约大学科恩的到来，对这一工作有很大的促进作用。科恩熟悉免疫学，又长于蛋白质化学，能利用免疫学方法取得纯的乳糖酶。在对这种酶的作用进行分析时，他们发现并非只有乳糖能被此酶分解，许多含有同乳糖同样的 β- 半乳糖苷键的化合物都可被此酶分解。这就使他们决心放弃乳糖酶这一名称，而改称 β- 半乳糖苷酶。

为了进一步研究该酶的活性，科恩花了不少时间到英国和德国学习并合成多种 β- 半乳糖苷化合物。当测试该酶对各种合成化合物的作用时，他们发现了意想不到的结果。其中最主要的是，他们发现有的 β- 半乳糖苷化合物不能被这种酶分解，却可激发这种酶的形成。这表明，诱导能力并非底物所独有，也就是说诱导物不一定是底物。这就改变了适应酶的生成必须有底物存在的概念，从而也就把诱导物同乳糖体系中作为底物的乳糖的必然联系分开，为以后操纵子理论的建立拨开了迷雾。莫诺和科恩为了探明酶究竟是从“前体”转变来的，还是直接由氨基酸合成的，同许多国内外的研究工作者合作，进行了大量的工作。他们利用了当时能够利用的各种方法，包括选择各种氨基酸营养缺乏型的突变菌株，同位素示踪方法和动力学实验观测等进行实验。实验结果表明，酶在细菌体内是直接由氨基酸合成的。这就推翻了莫诺过去认为酶是从细菌体内已经存在的“前体”转变而来的假设。莫诺从实验中还认识到酶这种蛋白质是一种稳定的大分子，这与当时流行的舍恩海默的“体内组分动态平衡”的概念是矛盾的。莫诺认为舍恩海默的概念是从生物组织水平上的实验得出的，不适合蛋白质分子水平上的状况。

这样，莫诺就通过自己的实验研究，否定了他从 1943 年以来一直坚持的指导思想，即“适应酶”是由于对“底物”的适应，从体内已经存在的“前体”转变而来的假说。1953 年 10 月，莫诺同科恩等在英国《自然》杂志上，宣布放弃“酶的适性作用”的概念，建立起“酶的诱导作用”的概念，从而“适应酶”也就为“诱导酶”所取代。

然而，诱导过程是什么的问题，并没有得到解决。莫诺在探讨这一过程中提出过“普遍诱导假说”，但没有得到实验的支持，之后最终放弃了这一假说。不过他得到了意料之外的收获：其一是大量最终产物可以抑制其有关代谢途径中的酶活性；其二是发现了在胞膜上存在着一种 β- 半乳糖苷渗透酶，能使乳糖或其他半乳糖苷化合物不断地通过胞膜进入菌体。不久又发现了转乙酰酶。转乙酰酶和渗透酶这两种酶同 β- 半乳糖苷酶都是由一个共同诱导物激活的，莫诺推论控制这三种酶合成的基因必然是相邻的。虽然渗透酶的分离提取在 10 年之后才由别人做出，但这些间接的证明对操纵子理论的形成的确是有力的支柱。

4. 细菌遗传学的发展使莫诺同雅各布密切合作

20 世纪 50 年代是分子生物学建立和蓬勃发展的时期。DNA 双螺旋结构和密码理论的建立、蛋白质的氨基酸顺序分析和晶体结构分析方法的建立，特别是细菌和噬菌体遗传学的长足进展等，直接影响着莫诺的研究。

细菌的有性繁殖在 1946 年就十分引人注目。但是在 E. coli $K_{12}$ 菌株中，有性繁殖发生的频率不高。1953 年，英国微生物学家海斯在冷泉港专题学术讨论会上，报告他发现了一种高频率 DNA 重组的 E. coli $K_{12}$ 菌株。后来被称为 E. coli $K_{12}$ Hfr（H、f、r 分别是高、频率、重组三个词的第一个字母）。这一突破加速了细菌遗传学的发展。

莫诺所在的巴斯德研究所也有很大的变化。这个由巴斯德在 1888 年用私人基金建立的研究所，以微生物学和免疫学的成就而享有盛誉。但是两次世界大战使这个研究所的经费困难，设备落后，研究工作的水平同世界水平间存在着较大的差距。战后，利沃夫的研究方向集中到噬菌体方面来，莫诺的到来更增加了研究的活力。20 世纪 50 年代这两个研究室受到各先进国家的重视，同国外的学术交往逐渐密切，经费和设备也得到国际上一定的帮助。于是，情况发生了很大的变化，法国巴黎逐渐成为国际分子生物学界公认的一个中心，各国学者，包括一些知名学者的访问，络绎不绝。

莫诺的实验室位于巴斯德研究所顶楼走廊的一端，专门研究 β-半乳糖苷酶的诱导机制。位于另一端的利沃夫的实验室则研究溶原性噬菌体在大肠杆菌中如何从前噬菌体转变为噬菌体。两者之间学术交往不多。1950 年，原来学外科医学的雅各布由于兴趣的驱使，到利沃夫实验室做研究生。雅各布思想活跃，善于钻研，又长于实验。这时，为了便于进行国际学术交流，他们都改用 E. coli $K_{12}$ 菌株作为实验材料。雅各布帮助利沃夫用细菌接合方法，分析研究溶原性的遗传性。利沃夫已经用实验表明，在少数情况下，受溶原性噬菌体感染的细菌，能够破裂产生噬菌体。如果用溶菌酶使菌膜破裂，菌内并没有什么噬菌体。利沃夫认为这是因为噬菌体的基因并入细菌的染色体后，未能表达。他称这时的噬菌体基因为“前噬菌体”，可能需要某种外界刺激才能诱发噬菌体的生成。莫诺曾协助利沃夫做了一个实验，用紫外线照射溶原性细菌，一小时后，细菌破裂，产生了噬菌体。但是，噬菌体的基因如何并入细菌染色体中，什么因素阻止其表达，噬菌体重新出现的机制是什么，都尚待解答。雅各布的到来，促进了这一研究的开展。

1953 年，雅各布参加冷泉港的学术会议时，听到了海斯关于 E. coli $K_{12}$ Hfr 的报告。回所后，他同他的合作者沃尔曼都认为这个材料对他们的研究工作十分有利。很快他们就得到了这种菌株，并进一步研究这一菌株的性质。他们发现，细菌的有性繁殖并非像莱德伯格所说的那样，是两个细菌的全部融合，而是基因的给体（雄性）把基因插入受体（雌性），但给体的胞质并不进入受体。当他们设法使给体同受体分开时，基因也同时被割断，进入的基因不能在受体上表达。用这种方法，他们测定出在一段已知的时间内，肯定是某一种或几种基因进入了受体。这一方法很快就应用于利沃夫的研究工作中。

每天下午喝茶的休息时间，两个实验室的工作人员经常聚在一起闲谈。各自在工作中的欢乐与苦恼，新的发现和在形成过程中的一些概念理论，成为主要的话题。即使在 1954 年莫诺任细胞生化室主任后不久，实验室搬到楼下后，这种讨论也常进行。莫诺和雅各布两人都发现，他们之间的共同语言越来越多，两个实验室的研究主题虽然不同，却存在着很多能够相互沟通的地方，共同讨论对彼此都有益。于是莫诺同雅各布的关系逐渐密切，导致了十分有成效的合作研究。

## 5.Pa Ja Mo 实验和操纵子理论的建立

1957 年秋，莫诺同雅各布在认真讨论的基础上，提出了用细菌遗传分析的方法研究乳糖体系的计划。这时，莫诺已经选择出两种细菌突变体，它们改变了 β- 半乳糖苷酶的诱导生物合成。一种不再具有生产这种酶的能力；另一种能改变诱导性，使诱导性变为组成性，即在诱导物不存在时，突变体也可以合成 β- 半乳糖苷酶。需要进一步解决的问题是：（1）这些基因是如何表达的；（2）两种突变体的基因之间有什么关系；（3）诱导性和组成性产生的原因是什么。雅各布建立的细菌有性繁殖实验分析方法，成为解决上述问题的主要手段。

1957 年 9 月到 1958 年夏，美国加州伯克利大学病毒实验室的帕迪利用年休假来到莫诺的实验室工作。帕迪对酶学有研究，是一位十分认真仔细的实验家，早就对莫诺的工作感兴趣，研究工作的思路接近莫诺，两人的工作有时也是平行进行的。帕迪来后，同莫诺，也同雅各布合作得很好。他们共同设计了一套实验，以帕迪为主进行操作。他们首先选择制备他们所需要的各种雌雄突变体，它们须具有以下一种或两种基因：（1）能合成 β- 半乳糖苷酶的基因，以 $Z^+$ 为代表；不能合成该酶的，以 $Z^-$ 为代表。（2）加入诱导物后能合成该酶的基因，以 $I^+$ 为代表；不需诱导物自己就能合成该酶的，以 $I^-$ 为代表。各种突变体制备后，用细菌交配的办法，包括正反交，记录酶产生的时间和酶活性的增长速度，并找出两者之间的关系。这是一项既花费时间又需大量乏味的劳动，而且要求十分仔细的实验，但取得了突破性的结果——操纵子理论的建立。这是一项决定性的实验，后被命名为 Pa Ja Mo 实验，由三个人姓氏的前两个字母拼成。

Pa Ja Mo 实验表明，当雄性 $Z^+$ 进入雌性 $Z^-$ 时，酶的合成约 3 分钟后即开始。这个现象同当时已有的理论和实验证明是矛盾的。克里克于 1957 年 9 月在英国剑桥召开的实验生物学会专题讨论会上首次公开提出蛋白质生物合成的中心法则（一年以后发表），即 DNA → RNA →蛋白质；细胞质的核糖体也已被证明是蛋白质合成的场所，其中含有大量稳定的 RNA。莫诺十分注意这方面的信息。奥乔亚等从活细胞中分离出多核苷酸磷酸化酶，更给莫诺以很大的启发，这表明单个核苷酸可以在细胞中合成多核苷酸链。莫诺根据自己的实验结果并结合上述各种情况进行综合分析，于 1960 年提出了信使理论，预言必定存在着一种能溶解的、不稳定的小分子 RNA（mRNA），能够迅速形成并转录 DNA 长链上的密码，成为在核糖体上合成蛋白质的模板，完成任务后迅速分解。而核糖体 RNA 不可能如此迅速完成这项任务。克里克、雅各布等许多人都参加过这一讨论。随后，雅各布到美国加州理工学院与人合作，进行了大量细菌培养和 mRNA 的分离提取工作，证明 mRNA 的存在。同时在哈佛大学沃森的实验室中也得到了同样的证明。其结果与操纵子理论同时在 1961 年发表。mRNA 的存在及作用是对克里克中心法则的补充。

Pa Ja Mo实验还表明，基因$I^+$为显性，$I^-$为隐性，而且组成性$I^-$同基因的作用是间接的。因为雄性$I^+$进入雌性$Z^-I^-$后，细菌可以产生酶，如果加入外源诱导物，酶的合成速度大大加快。如果反交，雄性$I^-$进入雌性$Z^+I^+$，不加诱导物，则酶不能生成。

最典型的Pa Ja Mo实验就是：雄性$Z^+I^+$进入雌性$Z^-I^-$后，对其所作的动力学研究。其结果是：几乎立即开始的酶的合成，约在两小时后停止，如果加入诱导物，酶的合成以前所未有的速度继续合成。这个结果表明细菌已由组成性变为诱导性。那么，如何解释诱导作用？

正在这时，即1957年底1958年初之际，美国的西拉德到巴黎访问。西拉德是出生于匈牙利的核物理学家，1938年到美国，二战后，兴趣转向分子生物学，参加了美国噬菌体小组的工作。他对莫诺有关酶诱导性的研究很感兴趣。这次到巴黎，正值Pa Ja Mo实验进行中。他对激活作用同阻遏作用之间的关系早有所思考。在讨论中，他强烈地表达了他的思想，即诱导作用就是去阻遏作用。在乳糖酶体系中，他提出诱导酶的形成很可能是由于经常存在于活细胞中的反馈抑制物的抑制作用，而诱导物的作用正是阻止了这种反馈抑制物的作用。他称这抑制物为阻遏物。他认为诱导作用是受抗阻遏物的影响，而不是受抗诱导物的阻遏作用的影响。而莫诺的思路同西拉德的正好相反。但是西拉德的解释更符合实验的结果，诱导物的加入消除了阻遏物的作用，酶的合成开始进行，因此也更符合逻辑。这使莫诺不得不改变自己原来的思路，接受西拉德的主张。于是，就产生了1958年5月莫诺同帕迪、雅各布用法文共同发表的

第一篇关于 Pa Ja Mo 实验报告中的一段话："实验的结果恰恰提出了一个相反的假说，基因 I 决定一个阻遏物而不是诱导物的合成。这个阻遏物封锁了 β- 半乳糖苷酶的合成……"

雅各布对 Pa Ja Mo 实验的结果进行了认真的消化。他专长细菌遗传学，又有在利沃夫实验室里进行溶原性遗传研究的背景，比较容易抓住 Pa Ja Mo 实验的要点。1958 年 9 月，他同莫诺进行了一次长时间的讨论。在西拉德的意见的基础上他进一步提出，阻遏物的作用可能是封锁了其他基因的表达。针对这一作用，雅各布提出了"开关"的设想，认为阻遏物作用的目标正是这个"开关"。他推论，必然存在着比结构基因更高一级的基因，而调节作用正是在基因水平上进行的。莫诺早就认识到他们研究的问题仅靠直觉是不够的，必须运用逻辑推理的方法，再加实验的证明，才能认识到事物的本质，但是他一直认为这种调节作用是在基因以下的水平上进行的。雅各布的设想对他是一个极大的震动。他不能否认这个设想的合理性，但也不能立即肯定，于是，他同雅各布一起设计各种实验来支持这一假设。

后来，他们设计出的实验表明，β- 半乳糖苷酶的基因 Z、渗透酶的基因 Y 和转乙酰酶的基因 A 都是同时受这一"开关"的控制，因为这三种酶的产量总是相关的。实验还表明这些基因的排列是顺型的。最难得到直接证明的是如何区别"开"和"关"。雅各布在溶原性噬菌体的工作中，早已发现有这种性质的突变体存在，是一种二倍体的细菌。于是大量实验从这方面探索，终于寻找到这样一种二倍体细菌。经过遗传分析，可以把突变体分为两组：一组具备发报作用，另一组具备收报作用。于是“开”和“关”就被肯定为基因，并被命名为操纵基因。整个实验表明诱导作用进行迅速，可逆性很强。

这时，一个多基因控制模型的建立条件已经具备，莫诺同雅各布经过多次讨论，提出了一个模型的初步设想：过去作为诱导基因I，现在明确改称调节基因，决定着阻遏物的生成，并区别于直接决定蛋白质结构的结构基因。操纵基因位于调节基因和结构基因之间。当诱导物不存在时，阻遏物阻止了操纵基因的开动，mRNA不能转录结构基因上的密码，蛋白质的合成不能进行。加入诱导物后，阻遏物失活，操纵基因随之开动，mRNA 的转录开始，蛋白质的合成开始进行。这个既有实验又有理论的长报告，由莫诺执笔，与雅各布联合署名，题为《蛋白质合成的遗传调节机制》，发表于1961 年英国《分子生物学期刊》上。

这篇报告是第一篇论述在基因水平上调节控制的科学报告，包括了从适应酶开始到操纵子理论建立的全部内容，并且第一次提出mRNA 的存在和作用，修正了“一个基因一个酶”的概念。报告完成的时间是 1960 年 12 月，这时有关蛋白质生物合成的各种假说已经被分子生物学界广泛接受，但是实验的直接证据还有待充实，第一个破译遗传密码的实验报告于 1961 年夏才被公开。因此，这篇报告的创造性及其洞察力深受国际生物学界的赞扬。不足的是论文认为阻遏物可能是 RNA。这个问题到后来莫诺研究蛋白质的变构问题时才得到解决。但无论如何，他们建立起的操纵子理论，虽然得到后来的补充完善，但其基本设想是经得起实验考验的。现已证明，这是原核细胞中普遍存在的基因调节模式。这是两位生物学家——一位专长生物化学普通细菌遗传学，另一位深刻理解细菌及噬菌体遗传学——五六年亲密合作的结果，也是法国、美国、英国许多学者长期合作的结果。

### 6. 蛋白质的变构调节——“我发现了第二个生命的奥秘”

正当莫诺等忙于 Pa Ja Mo 实验时，研究生尚热来到了莫诺的实验室。1959 年 9 月，莫诺同他共同商定博士论文的主题：调节酶。具体地选择了异亮氨酸对苏氨酸脱氨基酶的抑制作用。在代谢中，苏氨酸经过五个步骤变为异亮氨酸。莫诺自己和其他人研究的结果都表明，最终产物的积累对前面几个步骤所需要的酶，特别是第一个步骤的酶，产生抑制作用。尚热的研究结果比前人进了一大步。

尚热测定在不同浓度的底物和抑制物中，酶活性的变化。所得到的曲线显示出酶是由两个亚单位组成的。更令人难以预料的是，当加热后，酶仍保留脱氨基的活性，却不再被异亮氨酸所抑制，即对异亮氨酸“脱敏”。莫诺对这个结果非常满意，在同尚热讨论时，提出了“脱敏现象”表明底物同抑制物在酶分子上的作用部位不同的设想。不久，莫诺又了解到他人对天门冬氨酸转甲酰酶和血红蛋白活性研究的结果，进一步明确了抑制作用同催化作用在酶分子上的作用部位不同，抑制物同底物之间不是直接的作用，必须通过蛋白质分子结构的变化。

在 1961 年冷泉港的“细胞调节机制”专题讨论会上，莫诺的总结发言专门谈到调节酶的作用机制问题。同年七八月间，为总结发言定稿时，莫诺创造了由两个希腊文组成的词“Allosteric”，含有三度空间的意思。后来就成为蛋白质变构的专用词。莫诺经过一番深思，预感到一个新的理论将要诞生。1961 年底，他向他的同事说："我发现了第二个生命的奥秘！"

这时，操纵子理论中的阻遏物又萦绕于莫诺的头脑中。他向雅各布提出，阻遏物的作用类似于调节酶，很可能有一种调节酶作用于阻遏物。但是经过实验的探索，并没有找到任何调节酶，莫诺立即意识到阻遏物本身必定是一种蛋白质。阻遏物遇到诱导物后，在整体上发生变构而不再起阻遏作用，从而使操纵基因开动。于是他们放弃了阻遏物很可能是 RNA 的设想。莫诺由此而推论，细胞的信息系统之所以能如此高效率地起作用，正是因为有各种专一的调节系统，既快速，又消耗极少的能量。但是要得到真正的科学证据，首先必须取得纯的阻遏物，才能作进一步的研究。他自己做了努力，未获成功。直到 1966 年哈佛大学的两位研究人员终于得到了纯的阻遏物。现已证明，阻遏物同诱导物的结合是一个可逆的变构反应。

1962 年底，经过反复讨论，莫诺同尚热完成了《变构蛋白和细胞控制体系》的论文。1963 年发表后，引起相当大的争论。有人批评这个理论的实验根据不够，有人说"名词是新的，但理论仍是旧的"，还有人说它"解释的能力太大了，几乎无所不包。因此等于什么也不能解释"，等等。尽管如此，酶的变构研究在生化刊物上已成为热门。莫诺一方面关注这些动态，一方面自己从事研究，特别是花了较多的时间研究蛋白质的功能结构、蛋白质大分子中亚基集合的方式，并注意到已知低聚蛋白质分子中亚基恒为双数等问题。这些研究结果，使莫诺产生了在分子对称和协同结合之间存在着相关性的思想，也就是需要在蛋白质的低级结构的基础上来解释变构转换。

尚热的博士论文于1963年写完，1965年才发表。其间莫诺花了很多时间同他讨论、修改。最后他们推导出一个数学模型，表明蛋白质由于效应物的影响，在松弛态和紧张态之间进行变构转换，从而调节酶的活性。对于美国当代酶学家科什兰的诱导配合理论，他们在第一篇文章中基本采纳，作了一些修改补充；但在第二篇文章中就不再认为其合理了，至少不适用于含有亚基的低聚蛋白质。

莫诺在1969年曾讲过一句名言：“一个漂亮的模型和理论可能不正确，但是丑陋的，一定是错误的。”这一思想贯穿在他对蛋白质变构转换的研究中。虽然客观困难较多，特别是蛋白质在溶液中的变构转换更难研究，但是莫诺的工作开辟了一个新的研究方向。

回顾莫诺约40年的开创性研究，的确经历了一个实验与逻辑推理相结合的过程。尽管中间有成功，也有失败，但最终取得了公认的辉煌成果。从方法论的角度来分析，它是从直观现象中找出问题，从逻辑推理上提出假设，用精心设计的实验来对假设进行求证。不论实验的结果是肯定的还是否定的，都需要进一步找出问题，提出假设，用实验求证。从抽象的方法上说，这是一个反复循环的过程，实际的内容却在步步深入和提高。莫诺在实验研究中重视逻辑推理，是促使他从现象深入本质的一个重要原因。

莫诺是一位实验生物学家，但又具有非凡的逻辑推理与理论概括的能力。在这一代分子生物学家中，他和克里克两人被誉为“理论家”。莫诺去世后，他的老师和终生的挚友利沃夫在颂扬他一生的科学成就时说，他不仅“有一系列的伟大发现”，而且他的“每一个发现都产生了新概念，并且开辟了新前景”，“他不仅是一个才华横溢的科学家，而且是一个声誉卓著的学派奠基人”。莫诺的确当之无愧。

## 二、科学研究工作以外的莫诺

莫诺的一生有着多方面的经历，他不仅仅是实验室和书斋里的学者，他的社会责任感极强，是位较突出的社会活动家。

### 1. 反法西斯的坚强战士、法国共产党的地下党员

1939 年 9 月，希特勒统治下的德国向英法宣战。1940 年 6 月，巴黎陷落。法国人民很快组织起反法西斯的地下组织，并逐渐扩大。不少法国科学家，包括莫诺周围的人，如利沃夫，都参加了这个时期的地下斗争。莫诺在 1940 年底同利沃夫讨论二阶段生长曲线后不久，也参加了巴黎大学的地下组织，做传递秘密新闻传单和搜集情报等工作。

1941 年 6 月德军进攻苏联，在法国的德军占领区内，由法共领导的“战斗法兰西”组织成为最强的反法西斯武装力量。莫诺幼年患小儿麻痹症，一条腿短而跛，因而免于服役。但是困难临头，莫诺毅然参加了“战斗法兰西”。在这个法共和戴高乐派联合组织中，莫诺很快就认识到法共的强大。在巴黎军事分部负有领导职责的三人小组中，两个是法国共产党员，许多行动计划和决策都是法共决定的。莫诺经过彻夜深思，决心参加法国共产党，希望能在反法西

斯斗争中充分发挥作用。这时，莫诺不得不把具有犹太血统的妻子和约两岁的孪生子送到乡村，自己留在巴黎坚持斗争。他很快就被提升为执行官，在巴黎“战斗法兰西”参谋长、共产党员、解剖学教授普勒南领导下，负责组织和情报工作。莫诺有时把资料藏在标本室里长颈鹿的长骨骼中，逃避搜查。他还参加掩护美军空降人员的行动。这时莫诺的化名是马卡尔。

1943 年，一些知道莫诺化名的地下工作人员被捕。莫诺被迫离开巴黎大学，一切活动转入地下，有时躲在利沃夫的巴斯德研究所的实验室中，做少量研究工作。这年夏天，莫诺以巴黎代表的身份到瑞士参加全法国武装力量代表大会，统一协调全国的抵抗行动。1944 年 2 月，“法兰西国内武装”的统一组织成立，莫诺担任该组织巴黎地区第三局负责人，主持计划和作战。同年 4 月，他又成为该组织国家总部的第三局局长，通过瑞士安排美、英、法联军武装伞兵的降落和军需品。这时的莫诺，日夜忙于各种工作，为了安全，一两天就须更换住处，工作地点也经常改变。6 月底，联军在诺曼底登陆成功，其中就有莫诺的贡献。登陆人员中的雅各布，后来成为莫诺的亲密合作者。

为了全国的解放，莫诺组织人力，测绘全国地面，标明铁路线、机场、被炸毁的桥梁和交通要道，并建立全国范围的无线电广播网，使之尽快运行。巴黎解放前，他参加了罢工斗争和安排设置路障等大量工作。这些显示出他非凡的指挥才能。

1944 年 8 月底，巴黎解放，戴高乐派建立政权，不久又统一了军事指挥力量。莫诺并未立即离开部队，但已感到力量被削弱。

1944 年底，独立的“战斗法兰西”终于被瓦解，莫诺退役回到学校全力投入研究工作。但他仍旧是法国共产党员，关注着国内外共产党的动态。经过半年多的观察，自认为党内各种思想和作风同他本人不能相容，于是，他退出了法国共产党。

莫诺很少谈到自己这段历史。但是他舍生忘死，为祖国、为人民、为反法西斯专政而战斗的事迹给人们留下了深刻的印象。

2. 科学哲学上的成就

莫诺的科学成就一定程度上反映了他的哲学思想和科学方法论。莫诺从他的科学工作中深刻地理解到：在分子水平上的突变是偶然的、随机的；最节约能源、最有效的调节机制，在自然选择的过程中占有优势。一旦进入种的形成过程，就进入了达尔文的以自然选择为基础的进化过程，因之也就超出了偶然的支配而进入必然的法则。莫诺在 1970 年出版的《偶然性和必然性》一书，是他从事分子生物学研究的不可避免的结果。莫诺本人是达尔文主义者，他写这本书的目的是要用新的科学成就来充实达尔文主义。

莫诺这本书遭到了强烈的抵制，其中有别人对他的不理解，也有他对马克思主义的偏见和误解，因为他否认了马克思主义哲学的正确性。20 世纪四五十年代，在苏联以马克思主义为标榜批判甚至否定遗传学、量子力学、控制论等一系列真正的科学的事件，引起整个科学界特别是西方科学界极大的反感，这是完全可以理解的。但是，这些事件的发生恰恰是由于违反了马克思主义的基本原理，违反了辩证唯物主义。把这些统统归咎于马克思主义，从而否定马克思主义哲学，不能不说是莫诺本人的偏见和误解。

作为一位生物学家，对李森科的种种错误怀有义愤完全是可以理解的。1948 年 9 月，法国《战斗报》曾以“孟德尔还是李森科”为大标题，连续几个星期发表一系列文章，阐述不同的或对立的观点。最后发表了莫诺的文章，其标题是《雅克·莫诺说：李森科的胜利没有任何科学性》。文章列举了李森科在科学上的错误，认为李森科的论点缺乏物质基础，只限于意识形态等。同这类社会现象作斗争，莫诺相当悲观。他在去世前两年还说，“同这种无知战斗，永远不会胜利”，“一个人所能做到的，只是当他去世时，不要叫牧师到床边来”。

### 3. 出色的科学组织工作者

莫诺的组织才能，不论是早年他参加地下斗争时，还是后来他担任研究室主任期间，都十分出色。他在生命的最后 5 年，即从 1971 年他 61 岁时到他去世，一直担任巴斯德研究所所长职务。这期间，他的妻子去世，1972 年他患肝炎，1975 年他又确诊患白血病，1976 年 6 月他原打算回戛纳稍事休息就回所工作，却因突然大出血与世长辞。可以说，他就任于身体日趋衰弱的时候，然而为研究所的组织管理做出了显著的成绩。

莫诺就任时，所内领导力量薄弱，存在的问题很多。研究工作缺乏计划，经费也十分困窘。该所自成立以来，其经费的一半来自出售本所的生物制品。因产品陈旧，影响市场销路，来自自给的经费很难保证。莫诺为此重建企业部门，开发新产品，寻找国外市场，工作颇有成效。但所得收入远不足以承担全所的经费。

过去该所经费的另一半来自国家有关部门和向私人企业申请资

助。争取到这部分经费并非易事。莫诺有一个根本改革研究所的计划，需要取消或改组相当一部分已经过时的研究工作，还要根据生物医学发展的新趋势，增设相关部门。这不但要冲破重重阻力，还需要投入大量资金更新设备。莫诺一再呼吁研究工作的重要意义和经费困难的现状，以他这样一位世界知名科学家的身份，终于得到了法国政府的专款资助。研究所的旧面貌因之改观。

他是一位有权威、有主见、能指挥调度、讲效率的组织领导者。在繁忙的组织工作之余，他经常利用晚间，同研究室的研究人员讨论问题。这段时间里，他只发表了两篇文章，计划中要写的一本《时间和生命》的书，终于只停留在计划上。他还是美国 1962 年在加利福尼亚州圣迭戈建立的索尔克生物研究所的兼职研究员，为该所的建立提出过许多有效的建议。在许多国际学术会议上，他也是领导者和组织者。

### 4. 终生的业余音乐家

莫诺从小喜爱音乐，十几岁时就学会了拉大提琴，他的大提琴始终在他身边，直到他去世。在巴黎读大学时，他曾组织过小型乐队，演奏当时在法国很少能听到的巴赫的乐曲，他自任指挥。后来乐队扩大，经常进行季节性的公开演奏。1937 年莫诺到美国摩尔根实验室学习时，很快就组织起“巴赫乐团”，经常公开演出，莫诺指挥演奏的照片经常在当地报纸上刊登。当他学满一年回国时，加州理工学院竟想聘请他任校内乐团的职业指挥和大学生音乐欣赏指导教师。这使得莫诺想要终生从事音乐。但是，他缺乏正规训练，经老师、兄长力劝，他才打消了这个想法。然而莫诺对音乐的爱好始终不衰。直到20世纪70年代，他还时常做正式的演出指挥，有时还出现在电视屏幕上。他已经远远超出了音乐爱好者的水平，成为一位业余音乐家。

莫诺的业余生活是丰富多彩的，他还是登山和快艇航海的爱好者。

莫诺一生的辉煌成就，给他带来了各种荣誉，他同他的同事雅各布和利沃夫共获的1965年诺贝尔生理学或医学奖是其中最高的世界性荣誉，不仅为法国科学界也为法国争得了光彩。这是自1935年约里奥·居里夫妇获诺贝尔化学奖的30年后，法国人再次得奖。莫诺终生孜孜不倦，临终时只讲了一句话："我渴求理解！"这实际上正是对莫诺一生探索生命奥秘和追求真理的简明概括。

（作者：李佩珊　徐　兰）

# 马克斯·佩鲁茨

## 科学不是一种平静的生活

马克斯·费迪南德·佩鲁茨

（Max Ferdinand Perutz，1914—2002）

马克斯·佩鲁茨是一位出生在奥地利的蛋白质晶体学家。作为伟大的科学家，佩鲁茨借助对 X 射线衍射技术的娴熟运用、对“同晶置换法”的创造性突破，第一个解开了血红蛋白这一重要的生物大分子结构之谜，并荣膺 1962 年诺贝尔化学奖。作为杰出的科学管理者，佩鲁茨以对科学精英及其创新活动的深刻了解和信赖，精心策划并创建了著名的分子生物学实验室，使实验室成为诞生原创性科学成果的摇篮。作为敏锐的思想家，佩鲁茨以满腔的热情、精彩的演讲及优美的科学散文向大众普及科学思想，弘扬科学的人性力量，使科学与伦理、和平与战争、科学家的社会责任等问题得到了新的诠释。“科学不是一种平静的生活”是佩鲁茨 88 年人生乐章的主旋律。

## 一、从维也纳到剑桥：早期的学习生活

1914 年 5 月 19 日，马克斯·佩鲁茨出生在奥地利维也纳一个富裕的纺织业主家里。他的父亲雨果·佩鲁茨和母亲德丽·古德斯密特，由于在 19 世纪早期就将纺织和编织的机械化生产引入奥地利而成为当地有名的犹太富商。1923 年，马克斯·佩鲁茨进入维也纳泽拉萨姆拉丁学校接受中学教育，该校由奥地利皇太后玛利亚执政时代的一所军官学院衍生而来。当时，基于家庭未来产业发展的需

要，遵从父母的意愿，佩鲁茨选择了法律为主修专业。

在整个中学时代，佩鲁茨是个充满幻想、爱打瞌睡的小男孩，也是个成绩平平不引人注目的学生。据他自己的回忆，曾有两件事使他成为学校的公众人物。“我 14 岁时，得了猩红热，这成为我生命中最早的一次辉煌。因为，当时为了对教室进行消毒，全班放了三天假。为此，全班同学联名给我写了一封情真意切的感谢信。”16 岁那年，佩鲁茨与两个同学一起，为学校赢得了维也纳高中滑雪比赛第一名，“这使我第一次在生活中获得别人的尊重。从那时起，体育老师总是给我打最高分，而这恰巧也是我那平平的学业记录中的最好成绩”。学业之所以“平平”，一个重要原因在于，枯燥乏味的法律学习提不起佩鲁茨的兴趣，相反，他钟情于神秘有趣的化学世界。中学毕业时，佩鲁茨说服了父母，如愿进入了维也纳大学化学系。

20 世纪二三十年代，化学领域由无机化学和矿物学一统天下。基于这种知识范式，化学家采用形态学、光学和无机化学理论来描述各种矿物特别是盐类的化学性质。但是，对于诸如“为什么水在 0℃结冰，而甲烷要在 −184℃才会凝结？为什么硒的一种形态会在 76℃熔化，而这一熔点要高于硒的其他物质形态？为什么硫黄松软，钻石坚硬？为什么硅的一种形态如石英具有光学活性，而它的另外两种形态——鳞石英和水晶却没有这种属性？为什么水杨酸比苯甲酸的酸性强？”这样一些涉及原子排列、原子的离子化状态、原子力状态等方面的问题，鲜有人问津。因此，即便是维也纳大学化学系的资深教授，在教学中也仅仅满足于让学生“熟记卡尔·霍夫曼长达 759 页的《无机化学》以及保罗·卡勒长达 866 页的《大学有机化学》”等书中的内容。

对此，佩鲁茨以参加素以严厉著称的斯帕思教授开设的“无机化学”课程结业口试的亲身经历，描述了这种使人郁闷的学习：“口试前几天，我就听说有个女生因为背不出硅有几种不同晶体类型得了个不及格。我花很大功夫记住了这些问题，在口试时流利地背给教授听，……斯帕思教授不断用愉快的声调对我的回答表示满意。末了，还请我毕业后做他的研究生。但他从未对导致（硅）形成这几种不同晶体形态的原子结构产生怀疑，并就这一问题进行深入思考。他也没有意识到，当时的 X 射线分析研究已表明，硅的不同晶体形式具有不同的原子堆积方式。”在佩鲁茨看来，这种机械的学习既缺乏创造性，也无法使自己得到精神上的创新满足。因此，他无奈地“将阅读这些书视为一种能获得某种运动满足感的耐力锻炼”。而这种无谓的“锻炼”，使佩鲁茨“在几近苛刻的无机化学课程上浪费了近五个学期”。

为改变这一现状，第二学年，佩鲁茨选修了冯·韦塞利教授开设的生物化学课程。正是在这门课上，佩鲁茨了解到剑桥大学赫赫有名的化学家、1929 年诺贝尔生理学或医学奖得主霍普金斯在蛋白质营养、肌肉代谢等理论生物化学方面的开创性研究。作为剑桥大学生物化学系的创始人，霍普金斯对化学未来发展和研究方向的认识，无疑极具前瞻性。他认为，化学家们应当关注有机体中的活细胞，因为“在那里，化学物质进行着各种反应，我们能够用化学方法辨认这些物质，也可用化学方法模仿这些物质的变化活动”。事实上，研究组成生命过程的各种化学反应以及这些反应赖以产生的分子结构，正是20世纪初作为分子生物学先驱人物的生物化学家们试图从化学和物理学角度了解生命现象的主要目标。而霍普金斯侧重于定性、定量地描述在各种活细胞里所发生的纷繁复杂的化学反应的研究工作，本身就体现了新兴的生物化学这一学科的前沿性成果。他的这番话，也极大地启示着化学家和物理学家去了解生物大分子结构，特别是认识被人们“视为生命系统中所发现的最重要的物质”的蛋白质分子结构。

所有这些新信息，对一个大二学生来说，既新奇又充满诱惑，更意味着挑战和机遇。听了这门课后，佩鲁茨暗暗定下了一个新目标：去剑桥大学读博士，去作更有创新性的研究。他将这一想法告诉了自己的指导老师——物理化学教授马克。马克非常欣赏这个沉默不语却执着刻苦的年轻人，决定尽力帮助佩鲁茨实现这一愿望。不久，借到剑桥大学访问的机会，马克向霍普金斯研究小组、卡文迪许实验室贝尔纳领导的结构晶体学研究小组大力推荐佩鲁茨，结果，贝尔纳答应让佩鲁茨到剑桥大学做他的博士生。

1936年10月1日，大学毕业后的佩鲁茨离开故乡维也纳，来到了自己热切向往的科学“圣地”——英国剑桥大学，正式注册成为剑桥大学最古老的彼得豪斯学院的博士研究生。从此，他精彩丰富的人生篇章掀开了新的一页。

## 二、血红蛋白：走向诺贝尔奖的漫漫长路

20世纪头20年的生物化学研究表明，蛋白质是具有一定原子

组成和专一结构的有机大分子，蛋白质存在的类型多种多样，相同的蛋白质则拥有同样的分子量。1917 年丹麦化学家索伦森关于蛋白质溶液渗透压的研究以及 1925 年瑞典物理化学家斯韦德贝里用超速离心机对蛋白质分子量的测定，都证明了上述结论。生物化学家关于生物代谢过程的研究以及对酶催化学说的发展则揭示出蛋白质与大多数动物体内氮和尿素的代谢密切相关。“活细胞中一切化学反应都由酶催化，所有的酶都是蛋白质。人们以为基因也是由蛋白质组成。”这意味着蛋白质已经成为 20 世纪 30 年代物理学家和生物化学家共同关注的焦点。问题在于，蛋白质是不是某种具有一定结构的物质？蛋白质在生命系统中的化学作用是什么？对此，人们一无所知。“它们是黑箱子”成了这一时期关于蛋白质知识的最好注解。与此同时，一些科学家注意到，“蛋白质结构是当今生物学与化学交叉地带尚未解决的主要问题，这一研究对科学许多分支的重要意义再怎么强调也不为过”。这样，蛋白质的结构问题开始登上生物学研究的中心舞台。那么，怎样去研究这种生物大分子呢？

当时，已有一些生物化学家尝试借助物理、化学方法，特别是新兴的 X 射线晶体分析、结晶蛋白质、分配层析、放射性示踪等技术，以功能 - 结构的思路研究蛋白质的生理和生物化学活性，取得了一些喜人的突破。其中，运用 X 射线衍射技术分析有机大分子结构成为这一时期生物化学研究的代表性成果。1915 年，英国科学家父子威廉・亨利・布拉格与威廉・劳伦斯・布拉格建立了用 X 射线衍射法测定晶体结构的理论基础和实验方法。17 年后，英国化学家考克斯和霍沃思（1937 年诺贝尔化学奖得主）对维生素 C 进行了 X 射线衍射分析，并阐明了它的化学结构。1934 年，英国剑桥大学科学家贝尔纳在对包括固醇、蛋白质、病毒以及核酸在内的生物化合物结构展开广泛研究的基础上，第一次拍下了胃蛋白酶晶体的 X 射线照片，这使他成为蛋白质分子结构研究的先驱性人物。与贝尔纳一同展开这一研究的英国女晶体学家霍奇金（1964 年诺贝尔化学奖得主）则开始运用 X 射线衍射分析技术测定青霉素和维生素 $B_{12}$ 的化学结构，从而将这一技术的使用范围从仅限于验证化学分析结果发展为一种非常实用的分析有机大分子结构的方法。从应用的范围、测定的精确度和发展潜力来看，X 射线衍射法具有其他研究方法不可比拟和代替的优势，这也使它至今仍为研究蛋白质三维结构及其功能关系的主要手段之一。因此，从很大程度上讲，X 射线衍射法的完善与成熟，为探究蛋白质分子结构提供了有力的技术支撑。

正是在这种背景下，年仅 23 岁的佩鲁茨来到剑桥大学时，首先是以一位有机化学家的身份来接受相关学术训练的。作为科学史上一位极富想象力的科学家，佩鲁茨的导师贝尔纳很早就认识到蛋白质在生命活动中所担负的重要角色，并反复强调“生命的奥秘存在于蛋白质的结构当中”。基于这一思想，他要佩鲁茨先到矿物地质学系学习一年 X 射线晶体结构分析法，以掌握这一新技术。后来证明，这一训练对佩鲁茨以后的学术发展至关重要。因为它不仅使佩鲁茨获得了“从矿渣堆中挖出硅酸盐中那些肮脏的水晶薄片”进行研究的技能，还使他掌握了如何对蛋白质晶体进行 X 射线衍射实验以及如何对衍射图像作出化学解释的基本方法。

在剑桥大学学习了一年后，佩鲁茨意识到，要在生物化学前沿领域有所创新，运用X射线衍射法研究蛋白质结构是一个突破口。选择怎样一种蛋白质呢？科学研究的艺术不仅在于为自己找到一位好导师，还在于为“自己找到一个好问题”。这个好问题，从根本上讲，必须极具创新价值。因为，在科学研究中，“探知某种已经确定的东西是乏味的”已成为一种共识。渴求知识、追逐真理，正是激发科学家研究热情的强大动力。于是，佩鲁茨把探寻的目光投向了血红蛋白这一与生命新陈代谢活动相关的生物大分子。

与其他生物大分子相比，血红蛋白分子较小，来源丰富，且是当时仅有的几种已被晶化的蛋白质之一。尽管如此，对它的认识，人们却知之甚少，对其结构信息一点一滴的了解都是宝。剑桥大学呼吸生理学家约瑟夫·巴克罗夫特曾经评论道，一张邮票的背面就可以写下人们对血红蛋白的全部认识。这是生物化学本身的局限。更主要的是，血红蛋白分子结构要比以往已研究过的有机大分子复杂得多，研究的艰难程度也远远超出了人们的想象。但血红蛋白分子在生命活动中具有的重要意义对这一研究提出了迫切要求。从中我们可以看到，科学创新活动并不是由科学家所规划的，相反，恰恰是科学家的创新研究规划了他自己。对血红蛋白分子结构的探寻，成了佩鲁茨终其一生的无悔选择。

1938年对佩鲁茨来说是一个交织着成功与困扰、喜悦与烦恼的年份。这一年年初，他与贝尔纳、方库琴共同在《自然》杂志上发表了对血红蛋白进行X射线衍射实验的初步成果。这是对血红蛋白展开研究仅一年后取得的进展。论文发表后不久，贝尔纳离开了剑桥大学卡文迪许实验室，新任实验室主任、晶体学家威廉·劳伦斯·布拉格成为佩鲁茨的论文指导老师。这位科学史上最年轻的诺贝尔奖得主拥有敏锐的科学洞察力，这不仅使他善于选择研究课题，还使他成为发掘科学人才的园丁。在看了佩鲁茨拍摄的血红蛋白晶体 X 射线衍射图后，他立刻意识到用 X 射线衍射法分析生物大分子的深远意义，并决定由佩鲁茨继续并负责结构晶体学小组的研究。这个大胆的决策，使年轻的佩鲁茨拥有了一个全新的研究空间。与此同时，布拉格还为因战争断了经济来源的佩鲁茨申请到了一笔洛克菲勒基金会奖学金，这笔每年 373 英镑的经费支持一直持续到 20 世纪 60 年代。可以说，它真正挽救了佩鲁茨的科学生涯。另外，剑桥大学生物化学实验室的柯宜林教授为佩鲁茨的蛋白质化学研究提供了实验场所和各种设备。种种帮助，充分体现了剑桥大学尊重和启发年轻人发挥主动性和创造性的自由研究的传统。

1940 年 3 月，经过对血红蛋白分子 3 年的 X 射线研究，佩鲁茨完成并通过了关于论述血红蛋白晶体结构的博士论文。他得出的结论是："血红蛋白是具有明确原子结构的球状体，每一个结构都是由两个不能被扩散性电解液穿透的相同部分所组成，并且它的四个血红素大致是相互平行地排列的。"那么，这一结构的具体细节如何？它是怎样通过复杂的结构发挥自己的功能呢？毕业后的佩鲁茨准备大展宏图。但不幸的是，由于其奥地利身份，1940 年 5 月，佩鲁茨被英国政府作为敌侨遣送到加拿大魁北克军营，拘禁了 8 个月。残酷的战争干扰和破坏了和平的生活，并迫使佩鲁茨中断了自己的科学研究。但佩鲁茨并没有放弃，回剑桥后继续拍摄血红蛋白晶体的 X 射线衍射图，并于 1942 年、1943 年接连在《自然》上发表 3 篇相关论文。

战争结束后，肯德鲁的加盟使卡文迪许实验室中蛋白质晶体研究小组的力量得到了加强。1947 年，实验室以此为基础成立了分子生物学研究小组。此刻的佩鲁茨也走到了其研究中最困难和最关键的一步：怎样根据血红蛋白 X 射线衍射图推导出分子结构。

从理论上讲，X 射线照射晶体会在特定的方向发生衍射，衍射的方向和强度由晶体中的原子种类和位置决定。只要测出晶体 X 射线衍射方向和强度的数据，就能进行数学计算，绘制电子密度图，推算出该晶体的“结构”。正是运用这一方法，布拉格父子测出了第一个晶体结构——氯化钠岩盐的结构。根据这一原理，佩鲁茨拍摄了几百张蛋白质晶体 X 射线衍射图片，再用肉眼逐个分辨和测量每张照片上几百个晶体衍射点及强度，得到了几千个数据后，再绘制相应的帕特森图像，显示频繁出现在具有较高衍射强度之间的区域间隔，以确定血红蛋白结构的主要特征。1950 年初，佩鲁茨根据计算提出设想：血红蛋白分子像一个药丸盒式结构，是一种有规则的平行多肽键结构。

没想到，这一令佩鲁茨得意万分的模型提出后不久，就被他的研究生克里克以严谨的数学计算推翻了。无疑，这是个沉重的打击。“这是一个科学研究中‘耐心’付诸东流的伤心例子，也是科学研究中永远存在着的一种危险。”这意味着，血红蛋白分子的真面目还躲藏在生命世界的深处。

虽然研究陷于僵局，但佩鲁茨并不气馁。他知道，在科学研究中过多地纠缠于一个错误的理论于事无补，必须另外寻找突破口。这时，他注意到美国化学家鲍林提出的关于α螺旋是蛋白质多肽链一种基本折叠方式的思想。因为，这一新思想不仅为蛋白质有精确的三维结构提供了第一个清晰的证据，还为化学家提供了一种确定分子结构的有用方法——建立化学模型。无疑，这极大地启发了佩鲁茨。他提出血红蛋白中的肽链也呈螺旋式排列，解决了血红蛋白中多肽链的折叠问题。

下一步就要近似确定分子外形，进行定量分析。用X射线衍射法测定晶体结构的理论依据是晶体结构同它的衍射效应之间互为傅立叶变换关系，而衍射效应是指从晶体各个方向发出的衍射波的振幅和相位。在衍射实验中，可以直接记录到衍射波的振幅，却没法直接记录到衍射波的相位。因此，解决“衍射的相位问题”也是用X射线衍射法测定晶体结构的关键。当时化学家普遍采用“试差法”来解决这一问题。但对复杂晶体结构，“试差法”无能为力。对此，威廉·劳伦斯·布拉格和美国晶体学家考克早在20世纪20年代就提出用重原子法与同晶置换法。但由于确定重原子位置的难题没有突破，这些方法始终未能广泛应用。

1953年9月21日至25日，佩鲁茨到美国参加了著名的“帕萨迪那蛋白质会议”。正是在这次会议中，一位荷兰科学家关于将汞原子以化学定量的比例引入一种分子结构中的研究启发了他。如果我们能将一个重原子引入血红蛋白分子中的一个特定位点的话，就能使引入重原子的血红蛋白分子像普通血红蛋白分子一样结晶，并可以通过测定由这种重原子置换产生的差异来勾画血红蛋白分子的结构。这太重要了！会议结束后，佩鲁茨通过血红蛋白与对氯苯甲酸汞的反应，成功地把重原子——汞引入血红蛋白中，制备出了重原子衍生物。以此为基础，佩鲁茨利用“差值帕特森函数”进行计算和分析，得出了重原子的位置，再结合血红蛋白及其重原子衍生物的衍射强度数据，推算出了衍射的相位。这就是至今仍广泛用于解决蛋白质结构测定中相位问题的“同晶置换法”。这的确是一个极具创新意义的突破，不仅成为佩鲁茨研究的重要转折点，也为其他进行蛋白质晶体研究的科学家指明了方向。肯德鲁正是采用佩鲁茨提出的方法，解决了血红蛋白的相位问题。

1959 年，经过 4 年的进一步探索，佩鲁茨终于解开了血红蛋白分子结构。1960 年，继肯德鲁发表了关于血红蛋白分子结构的成果后，佩鲁茨也在《自然》杂志上报道了血红蛋白低分辨率（5.5 埃）的三维结构。他用 6 个不同的重原子衍生物，利用同晶置换法测定了 1200 个衍射点的相位，计算出了 5.5 埃分辨率的电子密度图，建立了血红蛋白的低分辨率结构模型：一个长 64 埃、宽 55 埃、高 50 埃的椭球体，分子由 4 个亚基按四面体方式排列，4 个亚基分为 2 对，每一对内的 2 个亚基之间的构象相同，相互接触很少；2 对之间构象相似而不相同，且接触面很大，其接触区域的表面结构是互补的。至此，构建蛋白质大分子结构模型长达 23 年的漫长历程终于画上了一个圆满的句号。佩鲁茨与肯德鲁因此分享了 1962 年的诺贝尔化学奖。

从分子生物学的发展来看，运用 X 射线衍射法研究蛋白质分子三维结构，并以此来理解分子功能的思想直接启发和激励了那些正在试图研究核酸中类似问题的科学家。更重要的是，蛋白质方面的研究创造了许多可以简化和精练X射线衍射过程的新技术。这一切，对于后来的核酸研究和发展意义重大。这也是DNA分子结构探索晚于蛋白质研究却先取得突破的重要原因之一。因此，也就有了1962年在斯德哥尔摩的诺贝尔奖颁奖仪式上，化学奖授予蛋白质分子结构、生理学或医学奖授予DNA分子结构这两个重要生物大分子研究的独特现象。

## 三、分子生物学实验室：科学研究是无法计划的

如果说，血红蛋白分子是佩鲁茨魂牵梦萦的“心上人”的话，那么，由他创建的分子生物学实验室则凝聚着这位科学精英深厚的科学情感和管理理念。1947年10月，威廉·劳伦斯·布拉格向英国医学研究理事会提出在卡文迪许实验室建立一个关于分子生物学方面研究小组的申请，并很快得到批准。这样，就成立了由佩鲁茨任负责人的“对生物系统的分子结构进行研究的研究小组”，后来改名为“分子生物学研究小组”，即“分子生物学实验室”的前身。

最初，这一小组只有佩鲁茨与肯德鲁两人。但慢慢地，“研究课题就像磁铁一样吸引了许多青年才俊”。克里克、休·赫胥黎和沃森是第一批加入的成员，其他的则有来自伦敦的弗农·英格拉姆，来自约翰内斯堡的布伦纳以及来自美国的保罗·多蒂、亚历克斯·里奇、西摩·本泽等人。“只有了解了生命物质的原子结构，才能认识生命的本质。而达到这一目的的方法只有物理学与化学”成为大家聚集到这个团体中的真正原因。

经过10年的发展，“当肯德鲁首次得到肌红血球素结构的低分辨率图像时，当马修·梅塞尔森证明两个DNA子螺旋中每一个都是由一个父串和一个新近合成的串组成的，以及阿瑟·科恩伯格证明新近合成串的基本序列对父串基本序列的补充与沃森和克里克的预言完全吻合的时候，形势发生了变化”。小组的成果在增加，小组的规模在扩充。为了小组未来的发展，必须拥有一个专门的、具有相当规模的实验室，而不仅仅是卡文迪许实验室中的一个分支。为此，佩鲁茨向英国医学研究理事会提交了一份关于分子生物学的研究进展以及计划建造新实验室的报告并得到了批准。

1962年2月，以原来的研究小组为基础，“分子生物学实验室”在剑桥郊外落成了。同年5月，英国女王亲自为该实验室揭牌。刚诞生时，它只是一个有着90人的小型科研机构。如今，它已经成为拥有“大约有100位由医学研究理事会支付薪水的科学家，50位从别处领取工资的科学家，以及100位学生和访问学者”和66个课题的大型科研基地，并且诞生了12位诺贝尔奖得主，有4人获得英国女王颁发的一等勋章，8人获得英国皇家学会最高荣誉科普利奖章，还有几百位皇家学会会员。这些骄人成果，与担任该实验室第一任主任的佩鲁茨长达17年（1962—1979）的精英管理模式密不可分。

首先，实验室采取精英评价制度。通过对科学家科学才能的洞察和对科学研究的深刻理解，挑选一流学者到实验室工作，是实验室成立至今的宗旨。佩鲁茨本人就是一位极具亲和力的科学精英，在实验室初创时期，他那杰出的领导和管理才能得到了出色的发挥，并使实验室吸引了众多领域的科学精英。早在1958年，当美国国立卫生研究院即将终止对克卢格和富兰克林的研究资助时，佩鲁茨邀请他们加盟正在筹备的分子生物学实验室，富兰克林的去世使她无缘再次回到剑桥，而克卢格则于 1961 年来到该实验室，并因对蛋白质和核酸作用的结构分析获得 1982 年诺贝尔化学奖。1958 年，英国化学家桑格因测得胰岛素序列而获得诺贝尔奖，不久，他在佩鲁茨的邀请下也来到了此地。他的到来，不仅增强了在实验室中运用化学方法研究蛋白质分子的力量，而且为实验室带来了新的人才——哈特利和哈里斯，后者则带来了年轻的同事沃克（1997 年诺贝尔化学奖得主）。

分子生物学实验室地处英国上流教育中心，它兼容并蓄，网罗世界各地人才。既有休·赫胥黎这样的传统科学精英家族后代，也有像克卢格和布伦纳（由于在发育的细胞和分子机理上的重要发现而获 2002 年诺贝尔生理学或医学奖）这样由东欧流亡到南非的穷犹太人，更有像沃森这样才华横溢、充满自信的美国人以及米尔斯坦（因发明单克隆抗体技术而获 1984 年诺贝尔生理学或医学奖）这样逃离政治迫害的阿根廷人。正是云集着大量一流学者，分子生物学实验室才能够居于世界科学创新的前沿。

其次，给予实验室科学精英宽松而自由的研究条件，尊重并十分宽容地对待实验室里每一个研究人员尤其是年轻人的工作方式，是分子生物学实验室成功的又一秘诀。在体制上，佩鲁茨的主张是：“劝说医学研究理事会不要叫我做实验室的主任而任命我为实验室管理委员会的主席，……这一安排把科学政策的主要决定权留给了管理委员会，而把执行他们的决定和面对医学研究理事会的财政职责交给了我。管理委员会会议召开得很少，……这一管理机制运行得很平稳，从而也让我有时间专心从事我自己的研究。看到主席站在实验室的长椅或者 X 射线（管）旁，而不是坐在办公桌前，这为实验室的其他人带了个好头，并激起了他们的士气。管理委员会从不直接干预实验室的研究工作，但是却努力吸引或者挽留有天分的年轻人，放手让他们进行自己的工作。”

基于这一理念，实验室重视科学家的工作，并不在乎科学家的性格和研究风格的差异。同时，实验室也并不强调科学家需要在短期内发表论文，但对具有深远意义的研究课题的扎实研究则毫不犹豫予以支持。所以，当有人对沃森和克里克那种懒散的研究作风表示不满时，佩鲁茨则回答道：“像列奥纳多・达・芬奇一样，克里克与沃森看似工作很少，却收获颇丰，他们在私下里做了大量艰苦工作，通常是在晚上。但当你看到他们时，他们总是在进行显然是无用的争论。这就是他们解决问题的方式，只有通过大量以渊博知识为支撑的飞跃性想象才能解决难题。”正是这份理解和宽容，使沃森和克里克在短短十几个月的时间里发现了 DNA 双螺旋分子结构。世界一流科研机构这种独特的创新文化氛围不仅培育了科学精英，而且使平凡的科学家做出了杰出成就。因为，正是在这样的精英管理环境中，科学家才会对科学生涯产生强烈的依赖感，才会自觉要求自己不断取得最重要的发现和发明。

再次，强调拥有一批技艺精湛的技术装备人员的重要性。根据自己科学研究的切身体会，佩鲁茨“意识到新的仪器设备对发展的重要性，并维持着大规模的机械与电子工场，从而使研究人员充分便捷地使用相关设备，这也直接激发起技术人员的积极性”。在研究小组成立不久，佩鲁茨与肯德鲁就向医学研究理事会申请资金聘请一位名叫布罗德的工程师，让他来设计一个带有旋转正电极的X射线管，这个仪器可以提供比商业用途高10倍的射线。另外，实验室还利用美国洛克菲勒基金会的资助，从美国购买了高精度相机。这些实验装备的精度远远高于同时代的其他研究机构，成为佩鲁茨和肯德鲁能够第一个解决蛋白质结构问题的有利条件。

这一早期经历使佩鲁茨认识到先进仪器设备在创新活动中的支持作用，因此，他为实验室的大型力学和电子学工场都装备了最先进的仪器，并为实验室建造了专业的技术设备仓库和一个照相工场以提供所有日常使用的化学药品和补给。同时还专门配备了服务工程师，以保证那些高精尖仪器能够一直处于运行状态。这样，当仪器出现故障时，实验室的科学家不必等待仪器生产商派出的维修人员，马上就可以解决困难了。另外，从20世纪40年代起，实验室的经费就充足到不需要研究人员为经费来源发愁。所有这些，都大大提高了实验室的工作效率。

最后，加强与促进实验室各部门科学家之间的交流。交流是获取科技创新灵感的重要源泉，真正的科学智慧不是逼出来的，而是在交流、漫谈和悠然自得的阅读或偶然的感触中产生的。卡文迪许实验室在1895年建立的每天午后茶时漫谈制，成为活跃科学思想的一个典范。以此为楷模，分子生物学实验室有一个小卖部，由佩鲁茨的妻子吉塞拉管理。在这个小卖部喝咖啡、喝下午茶以及用午餐，成为实验室里各位科学家自由交谈、结交新朋友、获得新思想启迪的好去处。1985 年，一位美国分子生物学家在该实验室学术休假时，形象地将小卖部称为实验室的智力中心。

作为一个诞生众多原创性科学成果的摇篮，分子生物学实验室的管理理念是佩鲁茨 60 多年来从近处观察物理学和生物学精英的深切体会。正如他反复强调的，真正激动人心的原创性科学成就不是通过计划产生的，而是通过创造优良的科学环境与管理体制来推动的。“如同艺术创造一般，科学创造无须精心组织，而是从各个天才人物中自发产生的。设施完善的实验室可以加速这种创造的产生进程，但等级森严的组织，僵硬、官僚的规则，琐碎无用、堆积如山的文字工作都会扼杀这种创造力。科学发现是无法计划的，它们就像莎士比亚戏剧中顽皮的小精灵一样，会在一个意想不到的角落突然出现。”这一观念，深深印刻在分子生物学实验室发展历程之中，并形成了一个可供借鉴的科研资助模式。基于这一理念，1962 年，在欧洲许多著名分子生物学家的大力支持下，佩鲁茨组建了欧洲分子生物学组织，并在 1963 年至 1969 年担任该组织的主席。从而使其科学管理的理念跨越了国界，并推动该组织在战后成为欧洲分子生物学研究的中心。

## 四、对科学和人性的思索：科学是必需的吗？

作为一位在分子生物学前沿开拓创新的科学家，佩鲁茨并未将研究视野局限于这一领域本身。相反，凭着渊博的知识和对人性的无限热爱，他将关注的目光拓展到科学与文化的广阔领域，成为一位“能使难题通俗易懂，并以一位科学伟人特有的热情、人性和广博知识撰写”的科普专家。而更重要的是，通过将科学和科学家置于一种人性化的社会背景中的考察，佩鲁茨探讨了当代文化中的科学本质、科学社会功能以及科学家的社会责任。

长期以来，人们坚持认为，科学研究是一种冷冰冰的、不带任何偏见、缺乏感情的事业，它摒除了一切想象特性和情感因素，而科学家仅仅是转动发现之柄的“机器人”。对此，佩鲁茨不以为然，他以自己独特的研究经历以及对 20 世纪许多科学同行创新活动的深入了解，向人们展示了这些科学伟人对知识和真理的不懈追求，从而强调了“科学不是一种平静的生活”的科学观。

佩鲁茨认为，在人类社会文化发展史上，音乐、绘画和诗歌以其丰富的想象和强烈的创造力成为人类永恒的精神财富。同样，作为一种充满思想活力和创新魅力的活动，科学也像艺术一样，并不是对自然的简单复制，而是对自然的再创造。在科学研究中，想象力、创造力、勃勃雄心和冲突的重要性与丰富多彩丝毫不亚于艺术。因此，科学是一项需要激情的事业。正是这种激情，给了一个科学家推开佩鲁茨实验室的房门的机会，给了他当面指出血红蛋白照片中的错误的勇气。也正是这种激情，使诸如沃森和克里克这样的年轻科学家敢于挑战权威，开拓新的学科领域。这种激情，最终也使“科学家与作家、音乐家以及艺术家一样，具有创造力这样一个共同的特性”。

因此，当代“科学家要比那些电视明星和政治家更加能够彻底改变我们的生活方式。但是，公众对科学家知之甚少，他们心目中的科学家，只是那种钻研深奥难题的漫画式人物”。为了纠正这一错误观念，佩鲁茨为《纽约书评》《伦敦书评》《科学美国人》等非专业科学杂志撰写了大量生动、有趣的科普文章，“将科学与医学世界转变为一个神奇的探险领地”。在佩鲁茨的笔下，我们不仅领略了科学探险的艰难与荣耀，还看到了形形色色的科学家群像，他们是鲍林、迈特纳、布拉格、哈伯、梅达沃、西拉德、雅各布、克雷布斯等20世纪的科学大师。从佩鲁茨栩栩如生的描绘中，我们深切体会到了科学之激情所在。

在颂扬现代科学技术给人类社会发展带来福祉的同时，佩鲁茨也意识到：“科学常常要人类付出各种代价。每一项技术进步，……在给人类带来益处的同时也都带来灾害。社会必须在这两者之间进行正确的评价，但在无法运用伦理价值或科学事实作出明确决定的时候，要作出这样一种评价往往又很困难。”也正因为如此，许多人认为，一旦科学家将技术上的可行性付诸实践的话，就意味着社会进步，而这也是技术在现代社会的巨大魅力。对此，佩鲁茨尖锐地指出，对于自己获得的科学发现，许多科学家并不能马上预见到其研究带来的革命。比如，发现DNA是遗传物质的埃弗里从未打算去发现基因的组成；发现铀核裂变现象的哈恩和迈特纳从未想去分裂铀原子核；沃森和克里克在发现DNA模型告诉他们遗传信息如何自我复制时不由大吃一惊；而当琼·韦格尔和沃纳·阿尔伯对某种细菌病毒会感染一种大肠杆菌菌株而不感染另一种菌株的现象疑惑不解时，他们根本没有预见到40年以后，他们的研究会使一头名叫多莉的克隆羊呱呱坠地。“如同孩子外出寻宝一般，科学家们并不知道他们将会找到什么宝藏。”事实上，也正是这种不确定性，使现代科学技术面临前所未有的挑战，也使科学不仅仅停留在器物层面，开始延伸到政治、文化和伦理等领域，并对后者产生了强烈的影响。

1988 年，已是耄耋老人的佩鲁茨针对粮食生产、人类健康以及能源研究等社会问题，就农业技术与粮食供应、人口增长与医疗技术、能源消费与核能技术等关系问题展开讨论后指出，科学是以普遍的客观真理为代表的理性的胜利，但科学仅有理性是完全不够的，科学必须是人性化的科学。佩鲁茨以二战中纳粹以“优生学”为名义对犹太人进行大屠杀为例，强调科学如果仅有理性，而没有对人类的爱、没有是非观念，根本不可能将人类从罪恶和灾难中解救出来，相反，会给人类带来灾难。此后，在对避孕技术、核燃料再处理技术、化学武器的研制、基因治疗技术以及核技术所作的伦理思考中，他进一步重申了“没有良心的科学是灵魂的毁灭”的科学伦理思想。

正是基于对科学中人性要素的关注，佩鲁茨严厉批评了一些科学家剽窃、欺骗、滥用科学等不良行为，批评了一些科学家为了经济或政治利益不惜出卖科学的行为。“我唯一的兴趣就在于对自然本质的了解和对现代文明的拯救。”这种兴趣和反思，也促使 81 岁高龄的佩鲁茨在荷兰皇家艺术和科学院举行的“科学家与人权国际会议”上重新揭示了新时代背景下科学家必须具备的社会道德责任感，这就是“发现自然的奥秘、为人类造福”——这样一个共同目标将世界各地的科学家联合了起来。因此，每一位科学家就像我们众多兄弟姐妹中的一员，“当一位没有犯罪的科学家遭到监禁时，……我们有责任为他（她）的解放奔走呼吁”。从根本上讲，对科学家社会责任感的呼吁，折射出佩鲁茨对社会公正性与科学正直性的不倦追求，体现了作为一位伟大科学家的宽广胸怀。

## 五、冰川和亨廷顿病：佩鲁茨早期与晚期的研究

早在青年时代，佩鲁茨不仅是学校里出名的滑雪健将，也是技艺高超的登山运动员。冰川和高山与他结下了不解之缘，并成为其早期研究生涯中的一个重要部分。他与威廉·劳伦斯·布拉格的见面就是以冰川为媒介的。1938 年秋的一天，佩鲁茨冲进布拉格的办公室，自豪地宣称：“我有一项你比不上的荣誉。我有一座以我名字命名的冰川。”而布拉格的反击是：“我有一条以我名字命名的乌贼。”这一富于戏剧性的见面，成为两位科学家终生友谊的开始。而冰川以及冰川流动的机制，成为佩鲁茨早期研究的主要内容。

冰川的流动是不是也像糖浆或蜂蜜从倾斜的容器中流出来一样？如果冰川不是这样流动的话，其机理又是怎样的？这些问题一直缠绕着佩鲁茨。1938 年，在参加攀登瑞士阿尔卑斯山的探险活动中，他意外地发现了细微的雪花长成一大颗晶体的过程和机制。10 年后，在艾格尔峰的洞穴里，他解决了冰川如何流动的问题。他指出，冰川的运动不太像糖浆，更像一种柔软的金属，比如，有点像卷起来的铝。用冶金学的术语来说，冰川的滑动过程就是它展现在我们面前的结果。1953 年 6 月 5 日，佩鲁茨在英国皇家学会以《冰川的流动》为题作了演讲并在《自然》杂志上发表了相关的论文。

佩鲁茨未曾料到的是，关于冰川的研究以及相关的专业知识会

使他卷入二战中一项荒唐的计划中。1942 年秋，佩鲁茨参加了英国记者杰弗里·派克发起的一项代号为“哈巴谷”的计划，该计划的目的是“找到一些使冰更坚硬并使冰冷冻得更快的方法”。看了自己在维也纳大学的老师马克所写的一份报告后，佩鲁茨发现，在水结冰前，将少量绵羊毛或木髓搅拌到其中，就可以加固冰的强度。以此为原理，佩鲁茨与一些年轻人研制出了加入添加剂的坚固冰，并于 1943 年冬制出了以坚固冰为材料的冰船模型。但由于这一计划的成本太高极其不切实际，盟军指挥部最终否决了它。参加这一类似科幻小说的战争计划，也使佩鲁茨中止正处于起步阶段的血红蛋白研究达 3 年之久。回顾这段经历，佩鲁茨感慨万千：“真正的科学，就像生长在阳光充足的暖房里的热带植物一样，会得到健康的发展。一旦暖房的窗户不再明亮，暖房一片黑暗时，科学的种子就会萎缩。战争就属于后一种情况。”事实的确如此。

获得诺贝尔奖后，佩鲁茨继续研究血红蛋白分子结构与功能的关系。在重温 19 世纪 40 年代法拉第已注意到的“除铁和氧是顺磁的外，血液却是抗磁的”现象后，了解了鲍林及其学生科里尔对血红蛋白在含氧和缺氧的不同条件下磁化率的测定情况，通过对光谱学与磁性测定技术等创造性的借鉴和应用，佩鲁茨在 1970 年“发现铁的自旋变化是触发伴随着血红蛋白与氧的化学反应的同分异构变化的根源”。在氧化过程中，血红蛋白的结构发生了较大变化。在脱氧状态中，血红素中的铁原子稍稍从血红素基团平面移开，形成紧密型结构；在有氧状态中，由于铁原子电子轴发生变化，铁原子靠近血红素基团平面时，并拖拉后者，这种启动一系列“分子杠杆”的扳机可以松开处于脱氧状态蛋白质紧密型结构，并重新排列使之转化为一种无氧的松散型结构。这就是血红蛋白运输氧的机制——一个简洁而漂亮的成果！25年后，约克大学盖伊·多德森教授的一位名叫马西莫·保利的研究生证实了这一结论。

佩鲁茨将近80岁时，开始研究亨廷顿病的病因。1994年，他与同事发现，谷氨酸多聚体形成的β区域中，含有某些亚基谷氨酰胺超长链的蛋白质会在细胞内构成细胞内含物，并对细胞造成伤害，这正是病因。2000年，佩鲁茨与温德尔研究了这种异常晶体的特点与疾病之间的关系，发现病人的发病年龄与病理蛋白质中的谷氨酸多聚体长度呈指数关系。他生命中最后一篇论文是在被送到阿登布鲁克医院之前10分钟写下的，其内容就是这一方面的研究。2001年10月31日，在彼得豪斯学院为庆祝佩鲁茨当选为英国皇家化学学会荣誉会员举办的小型聚会上，佩鲁茨在10分钟的即席演讲中，以简洁明了的语言向人们展示了其生命中最后一份科学财富。

2002年2月6日，与吉塞拉生活了近60个年头，并有两个出色的孩子——维维恩（艺术史学家）和罗宾（约克大学化学系系主任）的佩鲁茨，因患癌症，离开了人世，享年88岁。

（作者：张春美）

# 威尔金斯

## DNA 双螺旋发现的第三人

莫里斯·休·弗雷德里克·威尔金斯

（Maurice Hugh Frederick Wilkins，1916—2004）

DNA 双螺旋结构的发现无疑是 20 世纪重大的科学事件之一，可以与爱因斯坦相对论的提出相媲美，在科学史上具有里程碑式的意义。大家每提到双螺旋结构时，很自然就想到两位科学家——沃森和克里克（双螺旋模型常被称为沃森－克里克模型），因为他们在 1953 年率先提出双螺旋模型，并且由于这个贡献而分享了 1962 年诺贝尔生理学或医学奖。但该年度由于该项成果而分享诺贝尔奖的共有三位科学家。当问起第三位科学家是谁时，许多人可能不会立即回答，甚至本身就不知还有第三位科学家。这位为 DNA 结构的发现做出卓越贡献，但常常被忽视，戏称自己为“DNA 双螺旋的第三人”（第三人往往容易被人遗忘）的就是英国伦敦国王学院的著名生物物理学家莫里斯·休·弗雷德里克·威尔金斯。

威尔金斯对 DNA 双螺旋结构的发现发挥着关键性的作用，他对用 X 射线衍射法研究 DNA 结构做出了奠基性的贡献，他和富兰克林的衍射照片对沃森－克里克提出双螺旋模型起着不可替代的作用，在沃森和克里克提出双螺旋模型后，他的继续研究为 DNA 的结构提供了更为坚实的证据。但是由于种种原因，威尔金斯一直没有获得应该得到的尊敬，甚至由于和富兰克林之间的一些私人矛盾还遭受了许多人的指责，因此可以说是一个带有部分悲剧色彩的科学大师。2004 年 10 月 5 日，这位科学大师在伦敦一家医院去世，但影响力远小于几个月前去世的另一位 DNA 研究方面的大师——克里克。尽管如此，威尔金斯在 DNA 双螺旋结构发现过程中的重要作用无法磨灭，国内对他的系统介绍较少，但这位被称为卢瑟福以后新西兰第二位世界著名科学家的事迹是分子生物学研究方面的人士应该了解的。同时也为了表达对威尔金斯的怀念和尊敬，撰写这篇威尔金斯的小传以对这位世界一流科学家有一个较为全面的认识。

## 一、家庭背景

1916 年 12 月 15 日，威尔金斯出生在新西兰的庞加罗阿。威尔金斯因后来的科学成就，被认为是在新西兰出生的继卢瑟福之后另一位世界著名的科学家。威尔金斯的父母都是爱尔兰人，在第一次世界大战前从欧洲来到新西兰。在那个时期，这些移民具有很强的进取心同时也拥有较高的智商，因此许多人在这里取得了巨大的成功，威尔金斯的父亲也是其中一位。

威尔金斯的父亲爱德佳・亨利・威尔金斯是一个学校的医生，业余时间喜欢搞一些科学研究，尽管他的大多数研究最终并没有获得太大成功，但是仍然有部分发现得到了一定程度的应用。特别是父亲这种热爱科学的精神为小威尔金斯后来从事科学研究起到了重要的启蒙作用。

在威尔金斯还很小的时候，全家搬到了新西兰的首都惠灵顿，威尔金斯在这里度过了幸福的童年。后来威尔金斯将自己这段童年形容为生活在天堂中。尽管后来他去了英国，但他一直坚持认为自己是新西兰人，主要原因是他认为自己在惠灵顿度过了一生中最幸福的时光。此外威尔金斯还认为生活在新西兰的这一段时间也对他后来从事科学研究具有重大帮助。

当威尔金斯 6 岁的时候，他的父亲为了进一步进行预防医学方面的研究决定去英格兰发展，因此全家搬到了伯明翰，威尔金斯在那里开始接受教育。

## 二、投身物理学

1922 年，威尔金斯来到英国的伯明翰后，进入当地优秀的爱德华国王学校学习。威尔金斯在学习期间刻苦努力，成绩一直名列前茅，更为重要的是他对科学产生了浓厚的兴趣，在父亲的工作间熟练掌握了技术和实验方面的技巧，特别是在显微镜制备方面，这些知识也使威尔金斯决定学习物理学。

威尔金斯凭借优异成绩获得了一等奖学金，并且因此进入剑桥大学的圣约翰学院学习物理学。尽管威尔金斯的父亲是一位医生，但是这个奖学金对于威尔金斯而言是非常重要的，因为当时只有有钱人的孩子或者是能够获得奖学金的天才学生才能享有英国大学的教育。当时剑桥大学有许多世界著名的科学家，而威尔金斯特别幸运的是在第一年就引起了著名的同位素化学家卢瑟福的助手奥利芬特教授的注意，而第二年他的导师之一是著名的原子物理学家考克饶夫（1951 年诺贝尔物理学奖获得者），这些大师的教诲使威尔金斯对科学更加充满了向往。更为重要的是，威尔金斯还对贝尔纳的 X 射线衍射研究充满了极大的兴趣，这为后来进行物质结构研究奠定了一定的基础。

1938 年，威尔金斯从圣约翰学院获得物理学学位，随后又回到伯明翰并进入伯明翰大学物理系，在这里威尔金斯遇见了著名的固体物理学家约翰·兰德尔博士。兰德尔对威尔金斯比较欣赏，威尔金斯也得以成为他的研究助手，同时攻读学位。需要指出的是，物理系的主任就是威尔金斯大学时期的老师奥利芬特。在 20 世纪 30 年代，许多科学家对基本粒子比较感兴趣，但是威尔金斯对固态物质的组织及其特性较感兴趣，这可能与后来威尔金斯转行研究生物大分子的结构以及结构与性质间的关系有密切联系。威尔金斯在此期间主要研究固体发光机制，以磷为材料获得了一些重大成果，以至于在 1940 年就凭借磷光理论和磷原子中被俘获电子的稳定性机理的研究而获得博士学位。

1939 年第二次世界大战在欧洲战场全面爆发，英国也受到了德国的打击。在战争早期，德国取得了一系列胜利，1940 年英国处于战争的最困难时期，这时具有社会责任感的威尔金斯成为一名积极的反战主义者，也用自己的知识做出了自己的贡献。

威尔金斯在读博士期间的成果具有重大价值，如他改进了掩护雷达的阴极射线管，这些成果在当时战争和现代雷达中都得到了广泛的应用。对威尔金斯赏识有加的奥利芬特将他招募到了自己的研究小组，当时奥利芬特研究小组主要进行铀同位素的质谱分离工作。铀 235 是制造原子弹的基本原料，获得一定纯度和一定量的铀 235 是原子弹研制成功的必要条件之一，因此当美国曼哈顿计划准备实施时，英国相关领域的研究人员也加入其中以充实研究力量。

1943 年，威尔金斯跟随奥利芬特研究小组从伯明翰来到美国加利福尼亚州的伯克利。在奥本海默的领导下，奥利芬特研究小组成了曼哈顿计划的一个重要组成部分。威尔金斯发现在这里最大的快乐是可以和世界上许多著名的科学家共同工作和分享专业知识，同时也强烈意识到科学应该与实际应用紧密结合。1945 年曼哈顿计划取得了全面成功，研制出了原子弹，1945 年 8 月在日本领土上使用了两颗原子弹。

原子弹产生的巨大破坏力使威尔金斯产生了沉重的负罪感。后来威尔金斯回忆说，当他在伯克利进行研究工作时，并没有意识到核武器的灾难性后果，当时唯一的想法就是赶在纳粹德国之前获得成功，以免为世界带来灾难。当知道德国不可能研制成功后，威尔金斯为自己的所作所为深感内疚，这次的经历也使他在战后成为核武器强有力的反对者之一。

## 三、转入生物物理学

1945 年，第二次世界大战结束后，威尔金斯回到了英国，曼哈顿的经历使他在物理学方面失去了兴趣，他甚至考虑放弃科学而去巴黎做一名画家。但后来威尔金斯读了著名理论物理学家薛定谔的科普著作《生命是什么？》，被书中介绍的控制生命过程的复杂生物大分子的结构概念深深吸引，同时产生了浓厚的兴趣。他认为相对于固体物理学而言，生命物质的研究可能更有前途。当时许多著名的物理学家如兰德尔等相信物理学的大厦已经建立，应该向其他方面发展，其中生物学是最为重要的一个，因此许多物理学家都纷纷加入生物学研究，最为成功的是克里克和德尔布吕克。威尔金斯也接受了一些转向生物学研究的建议，再一次开始了自己的科学生涯。

威尔金斯首先来到苏格兰的圣安德鲁斯大学并成为一名物理学讲师，在这里他遇到了自己读博士时的导师兰德尔爵士。兰德尔当时也正打算转移方向——用自己的物理学知识来研究生物学，因此决定在圣安德鲁斯大学组织进行生物物理学研究，由于与威尔金斯的师生关系，邀请威尔金斯加入到自己新的研究小组。

当时生物物理学是一个全新的概念，是第二次世界大战后一门新兴的交叉学科，它涉及许多威尔金斯原本并不熟悉的知识。但威尔金斯认为生命科学对社会应该具有更多的益处，因此决定转移到生物物理学的研究中来，也接受了邀请加入到兰德尔的生物物理学实验室中。威尔金斯最初受穆勒（由于发现 X 射线诱发突变而获得 1946 年诺贝尔生理学或医学奖）成功的影响，认为超声波对遗传物质可能也有诱变作用，但结果非常令人失望，因此不得不改变研究方向。

兰德尔在圣安德鲁斯大学工作没有多长时间，就接受了伦敦国王学院的全职教授职位，因此于 1946 年将实验室搬到了伦敦国王学院，并在那里建立医学研究会生物物理小组，兰德尔成了小组的主任。作为实验室成员的威尔金斯也跟随兰德尔来到伦敦国王学院，开始了新的研究历程，于 1950 年成为主任助理，1955 年成为副主任，最终在 1970 年成为主任，可以说威尔金斯的主要科学研究都是在伦敦国王学院完成的。威尔金斯当时刚刚 30 岁，在这里开始对生命科学进行全新的探索，在这里的研究也使威尔金斯发现了 DNA 的结构。

到伦敦国王学院后，兰德尔建议威尔金斯用紫外显微镜研究细胞内部结构，威尔金斯接受了这个建议。威尔金斯改进了传统的显微镜，用紫外显微技术可以有效研究细胞中的核酸，用紫外二向色性确定烟草花叶病毒中嘌呤和嘧啶的方向，用可见光极性显微镜研究烟草花叶病毒晶体中病毒颗粒的组装过程（相关研究成果在《自然》杂志上发表），用干涉显微镜测量了细胞的干重。这些研究取得了一系列成功，促使威尔金斯进行更深入的研究。威尔金斯通过显微镜看到了细胞中的染色体，这使他非常兴奋，因为当时已经确定遗传物质就存在于染色体上，但关于是核酸还是蛋白质的问题科学界还存在一些争论，这使威尔金斯深深地为自己的研究所吸引。他也意识到用显微镜研究细胞过于复杂的整体所取得的结果无法真正深入生命的本质，需要寻找其他方法进行研究。在使用显微镜研究 DNA 的过程中发现该类分子可能按照特定规律有序地排列，根据这个特征，威尔金斯认为应该先从细胞中分离该生物大分子，然后对该分子的结构进行全面深入的体外研究，这样才能获得更加理想的实验结果。

在这个思想的指导下，威尔金斯将当时用于研究有序晶体结构最常用的方法——X 射线衍射技术应用于生物大分子的结构探索。值得一提的是，威尔金斯在 X 射线衍射技术方面没有得到系统的培训，这使他在后续研究中受到极大的限制。威尔金斯在其他科学家和研究人员的建议和帮助下，随后对 DNA、蛋白质、维生素 $B_{12}$ 等物质的结构进行了深入研究，DNA 的研究为威尔金斯带来了巨大的声誉。

## 四、DNA 结构的研究

威尔金斯在 DNA 结构研究方面能获得成功既是偶然性（恰好选择了这种物质）又是必然性的结果。第二次世界大战后，生命科学开始进入一个逐渐腾飞的阶段。1950 年他提出分子生物学的概念，当时研究生命科学的主要学派有三个，分别是结构学派、信息学派和生化遗传学派。其中结构学派的大本营在英国，他们以先进的实验仪器为手段重点研究生物大分子的结构。伦敦国王学院是当时一个重要的研究中心，威尔金斯等科学家的生物大分子结构研究也是水到渠成的结果，但幸运的是威尔金斯选择了 DNA 为研究方向。

1950 年，威尔金斯在参加伦敦的法拉第学会会议时，遇到了研究核酸的瑞士化学家席格纳。席格纳当时携带了一些自制的牛胸腺高度聚合 DNA 样品并将其分发给参加会议的一些研究人员，威尔金斯也获得了这些高纯度的样品，从而开始真正意义上的 DNA 结构研究。

威尔金斯在随后对 DNA 样品进行操作时发现，当它们形成凝胶后会不知不觉产生一些纤维，当用玻璃棒触及这些纤维结构再移开时，一个细的几乎肉眼看不到的像蜘蛛网细丝一样的 DNA 纤维可以被抽出。DNA 纤维的这种完美性和一致性暗示着这些纤维中的分子应该呈直线排列。威尔金斯立刻意识到这些纤维可能是 X 射线衍射分析的极好材料，因此交给了负责 X 射线衍射操作的同事戈斯林进行处理。

戈斯林是 1949 年来到伦敦国王学院的一名刚毕业的大学生，在这里遇到了威尔金斯并加入生物物理研究小组。戈斯林负责管理 X 射线衍射仪，他在这方面较为擅长，当时主要工作是利用仪器对精子头部（研究活体 DNA 结构的最好材料）进行 X 射线衍射研究。戈斯林将威尔金斯提供的 DNA 样品拉长成纤维样，然后缠绕 35 束 DNA 纤维到纸片上，过夜后用 X 射线衍射对这些纤维状样品进行照射，几乎立刻就得到了令人鼓舞的 X 射线衍射图片。图片上具有许多完美的斑点，说明所得到的 DNA 纤维是一种晶体结构，并且有规律排列，显示碱基之间的距离为 0.34nm。威尔金斯获得成功的一个重要原因是将 DNA 纤维保持在相对潮湿的状态（含水量较大），这是由于其他研究者在研究蛋白质结构时发现，为了获得理想的衍射图案就必须使蛋白质晶体保持在液体中，而且各种水溶性的大分子构象与它们所处的液体环境密切相关。

威尔金斯等科学家使用潮湿的 DNA 纤维得到的结果相对于阿斯特伯里于 1938 年从干燥 DNA 样品得到的照片是一个重大进步。这项研究一方面大大提高了分辨率，另一方面使 DNA 保持潮湿环境为后来富兰克林的成功奠定了坚实的基础，同时开创了第二次世界大战后用 X 射线研究 DNA 结构的先河。

这个结果令戈斯林和威尔金斯高兴万分，结合当时 X 射线晶体学研究的成果，通过分析这些衍射图案得出 DNA 是螺旋状的结构，同时估算了螺旋直径和螺距。威尔金斯得到的这种 DNA 结构后来被称为 A 型，它含水较少，容易结晶。研究结果在 1951 年 5 月 12 日那期的《自然》上发表，该论文可以看作 DNA 结构研究真正意义上的开篇之作。

但遗憾的是威尔金斯根据 X 射线衍射照片错误地得出 DNA 是单股螺旋，而且由于实验室在 X 射线衍射研究方面缺乏相关的专家，因此随后的一系列实验并没有获得更为理想的衍射照片，所以在随后很长一段时间内 DNA 结构研究没有出现太大的进展，但这项突破促使其他科研人员开始考虑加入到这一研究行列。

1951 年 5 月，威尔金斯赴意大利那波利参加了一个学术会议，在会议上介绍了 X 射线衍射技术在 DNA 结构研究方面的一些最新进展并阐述了自己在这方面的一些研究成果，同时展示了实验室获得的一系列衍射照片，引起了许多与会研究者的兴趣，其中之一就是当时正在丹麦做博士后的沃森。沃森在会上被威尔金斯的实验结果深深吸引，并且敏锐地意识到这项研究的重要性，于是会后与威尔金斯讨论 DNA 结构方面一些更加深入的问题，并提出和威尔金斯进行合作研究，但这项请求被威尔金斯拒绝。事实证明这对于威尔金斯是一个很大的遗憾，如果威尔金斯能够和沃森合作，凭借他的结构学知识和沃森生物学方面的背景，DNA 结构的发现历程可能会出现改观，甚至可能出现沃森－威尔金斯模型。

但沃森已经认定 DNA 研究会有巨大的潜力，决定放弃原来病毒方面的研究，转移到 DNA 研究。1951 年下半年，沃森来到英国另一个结构生物学研究的圣地——卡文迪许实验室，在这里遇到了克里克。克里克当时是卡文迪许实验室的一名博士生，对 DNA 的兴趣原本并不太大，但和威尔金斯私人关系较好，两个人总是喜欢在一起讨论相关的科学问题。威尔金斯多次提及自己在 DNA 结构方面的成果，但无论威尔金斯如何强调 DNA 的重要性以及 DNA 可能的螺旋结构，都没能引起克里克的重视。但经过耳濡目染，克里克获得了大量 DNA 结构方面的知识。可以认为是威尔金斯最先让克里克系统了解 DNA 结构方面的相关信息，也正是他们之间良好的私人关系，为后来沃森和克里克获得 DNA 结构照片提供了极大的便利并使他们最终取得成功。

沃森和克里克在卡文迪许实验室结识后，两人的互相欣赏使他们之间形成了紧密的科学合作关系，今天两人的伟大合作已经成为科学史上一段佳话而被广泛传颂。由于当时第二次世界大战后，英国财政不可能同时资助两个实验室进行相似内容的研究，因此伦敦国王学院和卡文迪许实验室达成一项协议，即伦敦国王学院进行 DNA 结构研究，而卡文迪许实验室从事蛋白质的结构研究。故此在伦敦国王学院已经开始相关研究的前提下，沃森和克里克根本不可能获得 DNA 研究方面的财政资助。但二人并没有放弃，而是将努力的方向转向通过构建模型的方式而不是获得衍射照片上（这将花费大量的资金）。经过不到两年的不懈努力，他们最终阐明了 DNA 这个神秘分子的结构。

1951 年 9 月威尔金斯到美国进行一段时间的学术交流，所以 DNA 结构方面的研究被暂时搁置，但此时伦敦国王学院在该方面的研究出现了一个不小的变化。兰德尔为了加强 DNA 结构方面的研究力量邀请了当时 X 射线晶体学研究方面的专家——女科学家富兰克林加入实验室。富兰克林在 1951 年底来到伦敦国王学院，并迅速开始DNA结构方面的工作。凭借这方面的经验和戈斯林的帮助（戈斯林又被分派到富兰克林的研究小组同时开始自己的博士学习），富兰克林改进了原来的 X 射线衍射仪（威尔金斯开始使用的仪器是用战后其他仪器改装而成，因此照片效果不太理想），同时在 DNA 晶体制备上进行了许多重要的完善，这些工作很快就在 DNA 研究方面取得了一系列重大进展。

当富兰克林和戈斯林正在紧张地进行 DNA 结构研究时，威尔金斯从美国回到了自己的实验室，并且在关于 DNA 结构研究的主导权上与富兰克林产生了很大分歧。富兰克林认为自己在 X 射线晶体学方面经验丰富，可以独立进行 DNA 结构研究，因此应该是该项研究的主持人；威尔金斯则认为自己最早开展了 DNA 结构研究并取得了重大进展，而邀请富兰克林加入是请她协助自己更好地完成该项研究。关于谁是该项研究的负责人，二人无法达成妥协，甚至合作也无法实现，最终不得不分成两个研究小组，各自进行研究。富兰克林和戈斯林接手了威尔金斯的实验基础，使用从席格纳那里获得的 DNA 样品继续进行研究。威尔金斯则重新建立自己的实验基础，一方面找到新的研究助手斯托克斯，斯托克斯也是一名 X 射线晶体衍射方面的专家，早期在卡文迪许实验室进行过相关研究，1952 年 9 月 H. 威尔逊也加入到威尔金斯的研究小组；另一方面他们在改进技术的同时还不得不制备新的样品进行研究。这次事件对富兰克林和威尔金斯的研究都带来了不利的影响：一方面使富兰克林与周围的人事关系处理不顺；另一方面使威尔金斯从头开始，延迟了他的研究进度。

威尔金斯重新开始 DNA 结构方面的研究，除了继续对体外纯化 DNA 晶体进行 X 射线研究，还对精子头部的 DNA 进行了探索。这项研究表明体内 DNA 也存在规则的 X 射线衍射图案并显示出相似的螺旋结构，这个发现的重要意义在于肯定了体外 DNA 晶体 X 射线研究的重要性，说明所获结果同样适合于生物体内部的天然状态。威尔金斯还研究了不同来源的 DNA，并且发现衍射图像大致相同。这个发现对讨论 DNA 结构的普遍性具有重要意义，相关研究也发表在著名的《自然》杂志上。这一系列研究使威尔金斯将体外研究与体内研究结合，对真正理解 DNA 的结构具有十分重要的意义。威尔金斯在进行这些研究的同时，尽管取得了一系列进展，但始终没有获得较为理想的 DNA 衍射图片，富兰克林和戈斯林在 DNA 的衍射方面却进展迅速。

1953 年 1 月底沃森访问伦敦国王学院，此时他已经了解到鲍林关于 DNA 三螺旋的叙述，并且意识到该模型存在错误，同时将自己的一些建议介绍给伦敦国王学院的研究小组。威尔金斯出于科学交流的目的将富兰克林得到的完美 X 射线衍射照片提供给沃森（现在许多人认为这是不道德的）。其实即使威尔金斯不这样做，在 1953 年 2 月，卡文迪许实验室的佩鲁茨也将富兰克林的实验结果展示给了沃森和克里克。因此以这个理由指责威尔金斯有点过分。当时美国著名理论化学家鲍林提出了 DNA 结构模型，这个模型为沃森提供了很多灵感。沃森和克里克在结合鲍林模型的理论内核，参考了富兰克林 X 射线衍射照片中的关键数据，同时对夏格夫法则（A=T，G=C）进行了合理的解释（碱基互补配对）的基础上，于 1953 年 2 月 28 日提出了 DNA 的双螺旋结构模型。沃森和克里克将自己的结果通报给了威尔金斯，威尔金斯结合自己的图片和一些实验数据对这个模型给予了充分支持，并且表示可以将自己和富兰克林的相关研究结果一同发表，以更加支持该模型。由于威尔金斯在这方面的重要作用，当时沃森和克里克提出威尔金斯可以在论文上署名，但威尔金斯拒绝了。当后来被问及原因时，威尔金斯认为“用 X 射线分析 DNA 晶体并得到一些数据是应该的，因为我是物理学家；我没有能用这些数据分析出 DNA 双螺旋结构模型，也是可以理解的，因为我不是生物学家。我感到，沃森和克里克用我和富兰克林的数据分析出了 DNA 双螺旋结构模型是十分欣慰的事，我要衷心感谢，不然我和富兰克林的数据还要在办公室抽屉中放置无用”。1953 年 4 月 25 日《自然》杂志发表了沃森和克里克关于 DNA 双螺旋结构的经典论文，而威尔金斯研究小组和富兰克林研究小组的论文仅仅作为一个实验支持而发表。

DNA 双螺旋结构模型在 1952 年提出时并没有那么轰动，当时一些科学家认为这个模型可能存在错误（如富兰克林在一些细节上就不同意沃森－克里克的 DNA 双螺旋结构模型），而另外一些传统的科学家还没有意识到 DNA 的重要性，科学史家奥尔贝将其形容为“双螺旋悄然登场亮相”。但是许多科学家开始为这个模型提供更充分的证据，沃森和克里克主要从信息传递方面，而威尔金斯仍然从 X 射线衍射角度来为 DNA 双螺旋结构模型提供证据。从 1953 年到 1962 年诺贝尔奖的颁发，威尔金斯小组为 DNA 双螺旋结构提供了更充分的实验图片和数据以检验和证实沃森－克里克假说模型的正确性。由于沃森和克里克提出的结构模型是一个平均数据（即常见的B型结构），而威尔金斯等科学家还研究了其他多种结构，常见的如A型结构和C型结构，这些数据（多篇论文发表在《自然》上）使DNA双螺旋结构模型更加可信，特别是威尔金斯小组关于不同来源DNA都具有相似结构的研究结果为DNA的遗传本质提供了更为直接的证据，所有这些都大大促进了人们对DNA双螺旋结构的承认，也促进了分子生物学的快速发展。可以说威尔金斯这一段时期的贡献对于DNA结构研究发挥了重要的作用，因为此时富兰克林已经转向了病毒的组装研究。

## 五、获得诺贝尔奖及其争议

许多科学家的努力使大家逐渐认识到DNA结构的重要性，因此为DNA结构的阐明做出重要贡献的科学家也得到了认可，一系列荣誉也接踵而来，遗憾的是富兰克林由于疾病在1958年去世因此无缘分享荣誉，沃森、克里克和威尔金斯获得了重要的奖项。

1960年，沃森、克里克和威尔金斯由于共同揭示了DNA的分子结构而获得拉斯克基础医学研究奖。这个奖项被称为“美国的诺贝尔奖”，在医学界的声誉仅次于诺贝尔奖，特别是还被看作诺贝尔奖颁发的一个晴雨表（大约50%以上的获奖者随后获得了诺贝尔奖，当然他们三人也属于这个行列）。1962年他们的荣誉达到了顶峰，沃森、克里克和威尔金斯由于发现了核酸的分子结构及其对生物体内信息传递的意义而获得了该年度的诺贝尔生理学或医学奖。

值得一提的是那年可以说是分子生物学的盛会，更应该说是结构生物学的巨大胜利，同年获得诺贝尔化学奖的是卡文迪许实验室的肯德鲁和佩鲁茨，他们阐明了蛋白质的结构。

尽管威尔金斯获得了 1962 年诺贝尔生理学或医学奖，但随后争议也接踵而来，关于威尔金斯的贡献及个人人品成为争论的一个核心。出现争论的一个重要原因是富兰克林。许多人认为富兰克林当时如果还健在，根据诺贝尔奖的颁奖规则，威尔金斯可能就不会获得这项荣誉，取而代之的应该是富兰克林。是否真的如此呢？

首先我们来回忆一下威尔金斯在 DNA 结构阐明过程中的贡献，可以说包含两个方面。一个是直接贡献，威尔金斯首先得到比较清晰的 DNA X 射线衍射照片（A 型 DNA），从而打开了 DNA 结构研究的大门，从这个意义上说这个原始性贡献富兰克林是无法比拟的（而诺贝尔奖的一个重要原则是原初贡献），随后又获得了一系列较为清晰的照片，虽然相对富兰克林而言照片不太完美，但是他从其他一些方面，如 DNA 在真实状态下（精子头部 DNA 结构的研究）和 DNA 结构的稳定性（不同物种来源的 DNA 结构基本类似）做出了重要贡献，这些内容对于 DNA 的研究也必不可少。在沃森和克里克提出 DNA 双螺旋模型后，他们二人从其他方面来寻找证据，富兰克林也离开了 DNA 结构研究，而威尔金斯小组独自使用 X 射线衍射法来确定结构，从而最终为大多数科学家接受沃森和克里克模型提供了许多重要的实验数据。因此可以说威尔金斯获得诺贝尔奖是实至名归，不存在任何问题。有些人仅仅看到了富兰克林照片的重要性而没有看到威尔金斯开创性工作的重要性，这可以说是指责威尔金斯的一个重要原因。威尔金斯自我评论道："（我的）研究小组对于沃森和克里克提出双螺旋模型奠定了坚实的基础。"其实诺贝尔奖评选的一个重要标准是取得突破性成就，如2002年诺贝尔化学奖获得者田中耕一。另一个是间接贡献，为DNA双螺旋结构做出贡献的另三位科学家沃森、克里克与富兰克林都与威尔金斯有着密切联系，威尔金斯的报告激发了沃森对DNA的研究，克里克主要通过威尔金斯了解DNA结构，而威尔金斯的突破促使兰德尔邀请更有经验的富兰克林加入，从而促使了DNA结构的阐明，这个贡献也是不可磨灭的。正如著名科普作家马特·里德利所说："是他首先获得DNA的X射线照片，是他为克里克讲授了DNA，是他的DNA衍射照片激发和鼓舞了沃森，是他的建议最终使富兰克林来到伦敦国王学院，而且最后是他证明双螺旋的正确性。"这个评语准确地描述了威尔金斯的贡献。

我们再看一下诺贝尔奖委员会对三人成果的描述中对威尔金斯工作的介绍："威尔金斯利用X射线晶体技术研究了不同生物来源的DNA，……威尔金斯的X射线晶体技术显示DNA这种非常长的分子链以双螺旋的形式组装。"对应颁奖辞可以看出，威尔金斯的实验对DNA结构的发现起着至关重要的作用，沃森和克里克则在此基础上建立了模型，同时加入了碱基配对，从而揭示了遗传信息传递的模式。

## 六、晚年的平静生活

威尔金斯在1962年获得诺贝尔奖后，仍然在伦敦国王学院任职，直到去世，但他的兴趣已经不在科研而是转移到教学之中。威尔金斯在 1963—1970 年是伦敦国王学院分子生物学教授，1970—1981 年是生物物理学教授，此外在 1974—1980 年还是伦敦国王学院医学研究委员会细胞生物物理学小组主任。威尔金斯于 1981 年退休，但仍然保持伦敦国王学院生物物理学荣誉教授的职位。威尔金斯因对分子生物学的发展做出了卓越贡献，获得了众多重要荣誉，除了诺贝尔奖和拉斯克基础医学研究奖，威尔金斯还获得了格拉斯哥大学等的荣誉博士学位以及成为英国皇家学会会员。

威尔金斯除了进行教学还积极参与社会事务，表现出了一位伟大科学家的社会责任，由于参与曼哈顿计划并意识到核武器对人类和平的危害，他积极参与到科学家反对核武器的运动之中。威尔金斯在 1969—1991 年是英国科学的社会责任协会主席，并且从 1984 年起还担任国际食品和裁军协会主席，为社会进步做出了卓越的贡献。

威尔金斯是一位非常谦让、平易近人的人，同时又时刻保持低调不爱出风头，他的这种性格为同事和学生所喜爱。威尔金斯不喜欢炫耀自己取得的成就，他从不为获得诺贝尔奖而处处张扬，这也可能是威尔金斯知名度较低的一个原因。威尔金斯认为自己更值得自豪的是参与核削减运动，为人类的和平和进步做出自己应有的贡献。

威尔金斯还有一个幸福的家庭，这也是值得他自豪之处。威尔金斯在参与曼哈顿计划时有过一段不幸的婚姻，因此战争后他很长时间没有考虑自己的个人问题。直到 1959 年，当威尔金斯 43 岁的时候，才和帕特里夏·安·奇吉结婚，他们携手度过了美满的婚姻直到威尔金斯去世。威尔金斯和妻子的业余生活是搜集雕塑品和种植园艺。他们有两个孩子，女儿萨拉和儿子乔治亚。威尔金斯在人生的后 40 多年里可以说是热衷于山水，寄情于社会，度过了一个幸福美满的晚年。

2004 年 10 月 5 日，威尔金斯在伦敦的一家医院去世，享年 87 岁。伦敦国王学院宣布了威尔金斯去世的消息，但没有透露他的病因。

## 七、对威尔金斯的重要评价和争论

威尔金斯是一位世界级的大科学家，为科学的发展做出了卓越贡献。他的一生可以说既有成功之处，即在 DNA 结构发现过程中做出了奠基性贡献，也有失误所在，就是他最终没有提出 DNA 结构。在当时的背景下，大多数 X 射线晶体学家（包括威尔金斯以及后来的富兰克林）在进行研究工作时，都是单凭经验。他们尽管已注意到研究蛋白质和核酸的生物学意义，但他们的主要兴趣和动力似乎仍然在分子的构型方面。威尔金斯等科学家并不想作太多的推想或想象，而是以严格、严肃、理性的态度去掌握事实，并且经过反复推敲，小心谨慎地建立起分子的一般模型。当沃森和克里克提出共同建立模型时，威尔金斯和富兰克林都没有给予太多的注意，因此后来与重大荣誉擦肩而过。无论如何威尔金斯为人类所做出的贡献会为大家所纪念，正如英国皇家学会前主席梅所说，威尔金斯的科学成就迟早会得到公众的认可。

威尔金斯的成就主要集中在 DNA 结构的研究方面，他一生发表论文并不多，并不是一个“多产”的科学家，但他发表的论文都是 DNA 结构研究方面的经典文献，至今还具有重要的现实意义。

威尔金斯除了曾经获得诺贝尔奖，还被授予其他许多荣誉，其中最为重要的是 1959 年当选为英国皇家学会会员。威尔金斯去世后，许多科学家都给予了他很高的评价。伦敦国王学院免疫学教授海迪认为，威尔金斯在 DNA 结构的阐明中发挥着绝对重要的作用。罗宾·洛弗尔－巴杰教授说，如果没有威尔金斯的 X 射线数据，沃森和克里克不可能准确地描绘出 DNA 的结构。吉查蒂则认为威尔金斯是 20 世纪的一个天才，他的工作特别是在 DNA 方面的研究将被本世纪和以后的科学家所铭记。此外许多著名的杂志如《自然》和各类报纸都发表了讣告，表达了对这位科学家的怀念。

威尔金斯之所以没有获得应有的荣誉，一个重要原因是由于沃森的《双螺旋》使人们了解了威尔金斯和富兰克林之间的矛盾，而这个过程是不完全真实的。威尔金斯当时认为这本书具有很大的误导性，因此请求哈佛大学出版社不要出版。由于其他原因，最终这本书被另一家出版社出版了。此外由于一些女权主义者过多强调富兰克林受到的歧视，认为威尔金斯是最大元凶，威尔金斯的形象受到很大影响。

其实把富兰克林无缘诺贝尔奖的原因归结于威尔金斯是不公正的，威尔金斯也不愿看到这个局面。在威尔金斯的自传中，他认为如果因为 DNA 结构的发现而颁发诺贝尔奖且仅有一个名额的话，富兰克林是最合适的人选，这说明威尔金斯并不是一个为了夺取荣誉而采取卑鄙手段的人。在 1962 年诺贝尔奖演讲稿中，只有他提到了富兰克林的贡献，并提出致谢“我已故的同事富兰克林，她用巨大的能力和 X 射线衍射方面的经验，在 DNA 研究之初给予了太多的帮助”。此外在 2003 年 DNA 双螺旋模型提出 50 周年纪念之际，威尔金斯出版了自传《双螺旋结构的第三人》，在文中对富兰克林表示了歉意。

其实关于威尔金斯与富兰克林关系恶化的许多细节现在都无法得知，但可以肯定的是两人都为 DNA 结构的发现做出了巨大的贡献，这一点是任何人都无法抹杀的。四位科学家中除了沃森，其他三位都已经过世，因此是是非非不应该太过追究，重要的是他们在 DNA 发现过程中的贡献应该得到我们的肯定。为了表示对四位科学家的贡献和对事实的尊重，仿照许多科学界的惯例，如著名的超导模型 BCS 理论，可以将 DNA 结构称为 WCWF 模型，W、C、W、F 分别代表沃森、克里克、威尔金斯、富兰克林（取姓氏的第一个字母），这样能够更加全面地反映科学家的贡献。

DNA 是所有分子当中最重要的一种，关于它的研究也充满了神奇的色彩，出现了许多悲剧性的人物和有争论的事件。以 DNA 结构的发现为例，从富兰克林不幸早逝而无缘诺贝尔奖（另一位科学大师埃弗里也由于种种原因未获得诺贝尔奖），到鲍林未看到清晰照片而得出错误构象和夏格夫未进一步得出碱基配对原理，到富兰克林和威尔金斯不和导致最终的 DNA 研究的中心伦敦国王学院输给蛋白质研究中心卡文迪许实验室，这些都不能简单地用巧合来解释。沃森和克里克最终成为 20 世纪乃至整个生命科学发展史上最耀眼的明星，他们的光环盖过了所有为 DNA 研究做出贡献的其他科学家，但其他科学家的贡献也需要大家了解和记忆。

正所谓历史造就了英雄，DNA 本身的重要性使威尔金斯成为世界著名的科学家，他为人类进步做出的巨大贡献也必将为人类所铭记。相对于沃森和克里克，甚至富兰克林，国内系统介绍威尔金斯的文章较少。国外 2003 年出版了威尔金斯的自传，但国内还没有中译本出现。故笔者写成此文，以表达对这位科学家的尊敬与缅怀。

（作者：郭晓强）

# 威尔逊

## 分子生物学时代的博物学家

爱德华·奥斯本·威尔逊

（Edward Osborne Wilson，1929—2021）

20世纪中后期，现代综合进化论日趋完善，达尔文革命尘埃落定，分子生物学的兴起却为进化生物学的发展增添了新的变数。爱德华·奥斯本·威尔逊正是在此时登上了博物学的历史舞台，随后在机遇与挑战并存的时代中急流勇进，成为达尔文在20世纪最重要的学术与精神传人之一。威尔逊最为人熟知的头衔当数“社会生物学之父”与“生物多样性之父”，分别标志着他在进化生物学的理论开拓与环境保护实践两方面的最高成就。在这个实验室研究日益挤压田野研究，而同时“环保”又代替“探险”成为人类面对自然的首要任务的时代里，威尔逊既保持了传统博物学家的纯正本色，又为当代博物学注入了新的生机与活力。

## 一、蚂蚁“指引”的科学之路

1929年6月10日，威尔逊出生在美国亚拉巴马州伯明翰一个退伍军人的家庭。父母两边的家族都曾在南北战争中为南军效力，曾祖父更是当时的一位英雄人物。他早年的亲属大多务农、经商或从事航运，外曾祖母与祖母曾在莫比尔市开办了当地第一所私立学校。他本人则是家族史上第一位大学生及专业人士。威尔逊的父亲是个不安定的人，经常换工作和搬家。威尔逊8岁那年父母离了婚。上大学之前，威尔逊在寄宿与转学的“游牧”生活中四处辗转，却也在亚热带的海滨风光中早早体会到独处自然的美妙，野外成为他的乐园与启蒙课堂。7 岁那年的夏天，他被一条上钩的小鱼刺伤了右眼瞳孔，最终将晶状体切除而导致立体视力受损，这次事件对他未来的职业规划影响很大，此后威尔逊只好扬长避短地在地面的“小天地”里研究昆虫。1939 年，他在华盛顿读小学，这里世界一流的动物园与自然史博物馆令他大开眼界。从此他立志成为昆虫学家，除了阅读博物学尤其是昆虫学方面的入门书，他还在附近的公园里模拟探险。13 岁那年，威尔逊发现了一种新型外来火蚁，后来将其写进了他最早的科学论文。1943 年夏天，威尔逊的博物学才能在当地已经小有名气，他被一期童子军团夏令营邀请担任自然课的顾问。

中学时代，威尔逊表现出对自然科学的广泛兴趣，各领域的新进展都令他兴奋。上大学之前的一年，他开始将精力集中于蚂蚁研究，为未来可能的专业学习做准备。他先是申请了范德堡大学，可惜没有成功。接下来他打算申请入伍，以此争取二战退伍兵的入学资助，但因为右眼几乎失明，没能通过体检。最终，亚拉巴马大学生物学系向他敞开了大门。大二这年，“现代综合进化论”的浪潮席卷而来，威尔逊接触到杜布赞斯基的《遗传学与物种起源》（1937 年）、迈尔的《系统分类学与物种起源》（1942 年）与辛普森的《进化的节奏和方式》（1944 年）等代表作，并加入到奉此为经典的“新达尔文主义”学习小组。小组成员各有所长，他们驾驶野外考察车探遍了亚拉巴马州的荒野。1949 年，威尔逊协助州环保部完成了一项评估外来火蚁影响的科研任务，借此发表了他关于蚂蚁学的处女作。这一年他升入本校的硕士班，第二年转到田纳西大学读博士，依然主攻蚂蚁研究。田纳西州在1925年发生过著名的判决讲授进化论有罪的“斯科普斯案”，而此时进化论在生物学的课堂上依然没有解禁（直到1967年）。威尔逊在代课时尝试跟学生探讨人类进化起源的观点，几乎无人响应。在两位志同道合者的支持下，1951年9月，威尔逊转学来到哈佛大学。1952年暑假，他与同学结伴作了一次环美考察，第二年入选精英组织“哈佛学会”，在丰厚的资助下，赴古巴与墨西哥开展热带科考，随后又远赴南太平洋地区。在10个月内，威尔逊的足迹遍及斐济、法属新喀里多尼亚、瓦努阿图群岛、澳大利亚与巴布亚新几内亚，最后经斯里兰卡取道欧洲回国。在探险途中，蚂蚁品种的多样性与蚁群的地理分布引起了他的注意。威尔逊发现，在地处偏远或历史较短的岛上，由于外来种的侵入较少，本地蚁群呈现出“生态释放”的繁荣景象。但在新几内亚岛的一般地区，蚁群的多样性极高，呈现出“一地一种”的“斑块状分布”模式。此后，威尔逊开始在系统分类学的基础上拓展自己的研究空间，渐渐在岛屿生态学与动物行为学两方面取得了突出的进展。

1. 岛屿生态学

1955年9月，归来的威尔逊获得了博士学位，并举行了婚礼，随后在哈佛大学一个临时性的助理教授职位上任教。1958年，斯坦福大学生物学系向威尔逊提供了一个副教授的终身职位，计划由他接替一位介壳虫专家开展一个大项目。斯坦福大学的教务主任与校长亲自登门拜访，诚意十足，许诺的待遇也不错。正当威尔逊夫妇准备接受聘请之时，哈佛大学决定留住这位蚂蚁专家。经过讨论与资格审查，校方开出与斯坦福大学对等的聘任条件，夫妇俩最终留下了。稳定下来的威尔逊开始全速前进，并逐渐锁定了一个理想的研究课题——生物多样性的进化起源。他发表了当年关于新几内亚岛蚂蚁“斑块状分布”的发现，意识到多样化的种群“斑块”很可能是由一个统一的大种群被外来物种入侵切割后分别趋异的产物。外来物种来自何方？答案就在前一项发现里：“生态释放”的边缘地带。由此，威尔逊提出了“类别循环”理论：没有绝对的进化中心，边缘地带的物种就是潜在的扩张者，生态平衡是一个兴衰更替的动态过程。在与生物地理学家麦克阿瑟合作的经典论文《海岛动物地理学的平衡理论》中，类别循环过程中物种多样性与区域面积之间的定量关系被确定为：$S=bAk$。

其中，$S$ 为物种数量，$A$ 为生态区面积，b 与 k 为常数。也就是说，面积越大，物种越多。1967 年，二人合著《岛屿生物地理学理论》，系统阐释了“类别循环”与物种平衡理论，开创了 20 世纪 60 年代生物地理学研究的新局面。为了获得证据支撑，1966 年秋到 1968 年春，威尔逊利用佛罗里达湾中的岛屿成功组织了一项惊人的实验：在小岛上搭建巨型帐篷，在不伤害树木的前提下，使用毒气将岛上的昆虫尽数消灭，然后观察、记录新的昆虫群落重聚小岛的过程与模式。1971 年，美国生态学会将“默瑟奖”授予完成这项实验的威尔逊与他的学生辛伯洛夫。此后辛伯洛夫沿此方向继续探索，威尔逊则将工作重心转向了社会生物学。

2. 动物行为学

达尔文在《人与动物的情感表达》（1872 年）一书中开创了现

代行为学研究的两条基本路线：比较心理学与动物行为学。前一条路线经罗马尼斯、巴甫洛夫等人继承发展，在 20 世纪 20 年代至 50 年代促进了行为主义心理学的繁荣。二战前夕，洛伦茨、廷伯根、弗里施（三人同获 1973 年诺贝尔生理学或医学奖）等人在后一条路线上掀起了一场革命。

1953 年，廷伯根与洛伦茨先后访问哈佛大学，洛伦茨的讲座使威尔逊意识到：以自然选择的逻辑解释生物的“固定行为模式”不仅合理，而且相当于把动物行为学从心理学家那里“还给了”博物学家——行为学“综合”进化论的时候到了。5 年后，已扎根哈佛大学的威尔逊亲自开展了一项关于蚂蚁通信行为的研究。昆虫学家曾经猜测，蚂蚁实现个体间的沟通主要不是靠光线或声波，而是靠气味。在人类的宏观尺度上，嗅觉只涉及小范围内的微弱作用，同类的化学作用一般都被限制在个体的内环境中，但对于微小的蚂蚁乃至更小的微生物而言，体外弥散的气味分子（通过浓度或波形变化）产生的信息效应应当是相当可观的。威尔逊试图探明这种外激素的产生部位及其化学成分。他先将蚂蚁解剖，再将其不同的内脏器官提取出来捣成汁液，然后分别测试哪种汁液会影响工蚁的觅食行为。实验结果表明，起作用的是杜福氏腺液。在两位化学家的帮助下，威尔逊采集到 10 万只蚂蚁，对这种体液进行了萃取鉴定，最终认为其中的关键性物质可能是一种金合欢烯。20 年后，一支更专业的科研团队证明，这确实是一种含有多种金合欢烯的复杂混合物。10 年间，威尔逊积极地推进这项研究，并尝试与掌握电脑技术的数学家联手，取得了一系列成果。此后这个领域很快被分子生物学的后起之秀占据，威尔逊自知相关专业技能不足，渐渐不再跟进。这项“微观”研究与岛屿生态学的“宏观”研究一道，成为他转向社会生物学的两大实证基础。

## 二、分子生物学的机遇与挑战

威尔逊生逢现代进化论发展的关键时期。1900 年，孟德尔被埋没的研究成果重见天日，在以贝特森、摩尔根为代表的两代学者的努力下，现代遗传学迅速成熟起来。孟德尔式的硬遗传观念对拉马克式的软遗传观念构成了致命的威胁。1926 年，新拉马克主义生物学家代表卡默勒在质疑声中举枪自尽，新拉马克主义进化论在苏联（以李森科为代表，坚持到 20 世纪 60 年代）以外的国际学界走向末路。达尔文主义最大的科学对手倒下了，原本作为新对手崛起的孟德尔主义也与它握手言和。20 世纪 30 年代，生物统计学路线的群体遗传学家费希尔、霍尔丹与赖特证明了孟德尔遗传学与达尔文自然选择学说并不冲突。1937 年，杜布赞斯基的《遗传学与物种起源》宣告二者正式综合。以遗传学与进化生物学的“小综合”为契机，现代生物学开始寻求各个领域的“大综合”。20 世纪 40 年代到 50 年代，迈尔、辛普森、斯特宾斯分别代表系统分类学、古生物学、植物学投身于“现代综合”运动。1942 年，朱利安·赫胥黎以《进化：现代综合》宣告了综合进化论时代的到来以及达尔文主义在生物学界的全面复兴。到了威尔逊的大学时代，这些成果已经成为教科书中的正统内容。在统一的局面下，新一代进化生物学家得以摆脱诸种备选方案（新拉马克主义、直生论、突变论）的干扰而轻装上阵。随着自然主义纲领的全面贯彻，生命科学也在全速前进。接下来，基础生物学几乎是水到渠成地深入到分子层面。在综合进化论体系中，硬遗传观念与自然选择原理原本是相辅相成的，面对分子遗传学的突破，自然选择学说既面临升级的机遇，也面临被边缘化的挑战。

1951 年威尔逊初到哈佛大学之时，基因还被普遍认为是一种复杂的蛋白质。但就在 1953 年，沃森与克里克揭开了脱氧核糖核酸双螺旋的神秘面纱，分子生物学便以独领风骚之势迅猛发展起来。1956 年，沃森来到哈佛大学，与威尔逊同时担任助理教授。1958 年，威尔逊与沃森先后获得终身聘任，田野生物学与实验生物学的新一轮较量就这样开始了。

沃森代表将物理化学方法成功引入生物学研究的新一代生物学家。在他们看来，分子生物学是生物学正统的前沿，博物学当归入已完成历史使命的“古典生物学”之列。他吸引了一批追随者，甚至将“生态学”变成哈佛大学生物学系的“贬义词”。威尔逊首先想到的应对之策，是给以进化论为纲领的博物学研究一个正式的学科名称。1958 年，他开设了“进化生物学”课程，翌年正式讲授，“进化生物学”这个词就从哈佛大学传播开来。面对沃森派的围困，哈佛大学生物学系的“古典派”（包括个体生物学家与群体生物学家）在 1960 年组成了一个“宏观生物学委员会”，团结起来共谋出路。在威尔逊的带动下，这个组织于 1962 年正式改名为“进化生物学委员会”。1961 年，威尔逊结识了麦克阿瑟，在他的影响下，开始尝试以生物地理学 – 岛屿生态学研究为途径，在种群生物学领域打通综合进化论与分子遗传学之间的隔阂，以期开创一种更具包容性也更为数学化、实验化的新综合学说。1964 年，威尔逊与麦克阿瑟等志同道合者结成同盟，尝试集种群生物学家、数学家、遗传学家之力打造更为成熟的种群生物学理论，以此实现进化生物学的升级。此时，威尔逊已经想到以昆虫社会作为生物种群的样本，从而以“社会性”研究来深化“群体性”研究的新路，但众人一时还找不到一种可实现突破的新核心理论。事实上，日后成为社会生物学基石的新成果已经在这一年问世了，这就是汉密尔顿的亲缘选择学说。

孕育亲缘选择学说的土壤正是洛伦茨等人掀起革命的现代动物行为学，而这也是威尔逊当时已在关注的领域。他当时面临的瓶颈在于：如何使自然选择原理的解释范围从个体行为扩展到个体间的社会行为。1965 年的春天，威尔逊由波士顿乘火车前往迈阿密，途经纽黑文时，他打开了汉密尔顿的论文——《社会行为的遗传进化》（1964 年分成两部分发表）。经过一路的斟酌，威尔逊终于认识到这篇论文的划时代意义。汉密尔顿以社会性昆虫的“亲缘性”为突破口，在直接的生存利益与间接的生存利益——生育利益之外，创造性地阐发了生物界的第三种利益——间接的生育利益。三种利益分别对应于（狭义的）自然选择、性选择与亲缘选择三种自然进化机制。论文中，他将达尔文学说及综合进化论中的“经典适应性”概念扩展为“内含适应性”，前者定义为个体将基因遗传给直系后代的繁殖成功率，后者则把旁系亲属同类基因的繁殖成功率也考虑进来。根据“汉密尔顿法则”，只要当一种个体行为的利益得失之比乘以相关者的亲缘系数之后仍然大于 1（$k > 1/r$），导致这种行为的基因就有可能在相关个体所在种群的基因库中增加频率，而这种行为也就有可能在自然界中被普遍观察到。汉密尔顿以此完美破解了膜翅目昆虫不育个体的利他行为之谜。

这年秋天，威尔逊到伦敦参加皇家昆虫学会的会议，借机拜会了还是研究生的汉密尔顿，两人在伦敦的街头漫步畅谈。第二天会上，威尔逊在演讲中谈到汉密尔顿的思路，并就此与昆虫学顶尖高手们展开讨论。他胸有成竹地回答着专家的提问，复杂一点的问题就交给台下的汉密尔顿本人。有了“亲缘选择”原理，威尔逊开始试着将他的岛屿生态学与动物行为学综合起来，全力创建他心目中能够与分子生物学分庭抗礼的社会生物学体系。1969 年，弗里施的再传弟子霍德伯勒在威尔逊的经费支持下来到哈佛大学做访问学者，1972 年受聘为哈佛大学正教授，成为威尔逊在行为学研究方面的得力助手。二人于 1990 年合著出版的《蚂蚁》，荣获 1991 年度普利策一般非小说类作品奖。在与霍德伯勒合作的几年里，威尔逊正式开始了他的社会生物学“综合”工作。

与此同时，其他几位主将也在不约而同地推进这场“新综合运动”，致力于将分子生物学最新的基因学说吸收到进化生物学中。1971 年，威尔逊的同事特里弗斯将汉密尔顿的“亲缘选择”原理改造为“互惠利他主义”原理。1973 年，约翰·梅纳德·史密斯将博弈论引入进化论。“自然选择”与“行为”之间的逻辑链条日益清晰，一个明显的事实浮现出来：个体行为必须首先为其基因负责，然后才有希望遗传再现。1966 年，威廉斯澄清了基因在进化机制中的中心地位。1976 年，道金斯又严格区分了基因与表型的不同含义，并尝试发掘一种文化行为特有的模式复制单位——模因。威尔逊对此“基因中心视角”的发展也有所贡献，但他的思想重点不在于探讨自然选择（乃至生命本身）的基本单位，而在于以基因为主线，找到一条贯穿从蚂蚁到人类的一切社会生物的行为模式的进化论逻辑链条。在威尔逊这里，“还原”是为了给“综合”做准备。

## 三、社会生物学三部曲

20 世纪 70 年代是现代综合进化论的盛世，随着新达尔文主义者对动物行为学与分子生物学最新成果的充分利用，自然选择学说的解释能力已经从“个体生存”扩展到“群体生育”，又从“形态（结构功能）适应”扩展到“行为适应”。各路成果纷纷在此期间融会贯通并系统化。威尔逊在其中也扮演了重要的角色，连续推出了三部精彩的新达尔文主义社会生物学著作，为他赢得了“社会生物学之父”的称号。

1946 年，斯科特已经使用“社会生物学”一词来表示一种交叉了生物学（包括生态学与生理学）与心理学、社会学的综合性研究，而威尔逊追求的是一门独立的基础学科。早在 1956 年，威尔逊就与自己的第一个研究生奥尔特曼尝试通过打通蚂蚁与猴子的行为学研究来建立一种社会生物学体系，但终因理论基础薄弱而放弃了。直到他获得了“汉密尔顿法则”，这项工作才开始出现实质性的突破。

1971 年，威尔逊在多年积淀的成果的基础上推出了他的第一部昆虫学专著——《昆虫的社会》，同时迈出了创建全新社会生物学的第一步。书中威尔逊以黄蜂、蚂蚁、蜜蜂、白蚁为代表，详细探讨了社会性昆虫的博物学特征及其社会行为的进化起源。在结尾章《对一体化社会生物学的展望》中，威尔逊提出以“相同的参数及数学理论”打通昆虫与脊椎动物研究，进而使社会生物学从种群生物学与行为生物学等学科中独立出来的设想。1975 年夏天，威尔逊的大作《社会生物学：新的综合》问世，展望成为现实。该书内容涵盖了集群微生物到灵长类的各种“群居”动物，甚至包括人类。威尔逊还在书中提出了“基因道德”的问题，早于道金斯一年。他从“遗传进化”与“行为机制”两个角度详尽阐释了社会性动物的方方面面。经过比较，他在“社会性”的进化史上找出了四种最具代表性的生物类别：集群无脊椎动物、社会性昆虫、非人类哺乳动物与人类。

问题出在最后一章上。这一章的标题为《人类：从社会生物学到社会学》。与《昆虫的社会》的结尾一样，威尔逊为下一步研究作出了预告。这一次他认为：第一，如果承认人——真核域动物界脊索门哺乳纲灵长目人科人属智人种是一种生物，那么成熟的生物学不该止步于猩猩；第二，如果承认人是一种社会生物，那么成熟的社会生物学也不该将人拒之门外；第三，如果社会科学需要以生物学作为基础，那么社会生物学理应成为生物学与社会科学之间必要的中间环节。正是这种“人类社会生物学”思路的提出，引发了一场学术与意识形态“对流”的文化风暴。威尔逊曾作过统计，在 200 部讨论人类社会生物学的学术专著中，支持与反对的比例大致为 20：1。他据此认为，社会生物学作为学科，自 1975 年以来一直在稳步发展，而主要的反对声浪来自科学以外的道德与政治考虑。人类学家首先发难，在 1975 年 11 月的美国人类学学会年会上，有会员提议对社会生物学予以“正式谴责”并取消两场相关主题的研讨会，但最终在玛格丽特·米德的坚决反对下没有通过此项提议。接下来，左翼学者也起来了。先是大波士顿地区几位高校专家、中学教师、学生及医生等 10 余人组成了一个旨在反对社会生物学的“社会生物学研究小组”，成员包括威尔逊的系主任勒翁廷与同事古尔德，并且总部就设在他办公室的正下方。小组还与 20 世纪 60 年代兴起的全国性激进组织“科学为人民”呼应起来。1975 年 11 月 13 日，小组成员在《纽约书评》上发表了一封公开信，题为《反对“社会生物学”》，文中全力指责人类社会生物学证据不足且政治危险。威尔逊在报摊上看到这封信，得知对方的真正用意后，他回信表达了愤慨之情。恢复镇定的威尔逊准备直取人类社会生物学。1978 年，他推出了《论人性》一书，专门针对人类的社会行为——包括攻击、性、利他主义与宗教等方面展开了进化生物学的系统论述，尤其着力于遗传学方面的起源分析。在该书正式出版之前，威尔逊遭遇了著名的“泼水事件”。

这一事件是“社会生物学之争”的戏剧高潮。从公开信发表到 1976 年初，反对者最为来势汹汹。勒翁廷等专家凭借一种“超科学”的真理观（“自然法则高于自然科学”），发表著述批评社会生物学将“社会”还原为“个体”的“生物决定论”是资产阶级意识形态的复辟。其他人则通过举办讨论会或发放传单来号召人们起来抵制这种复辟。有示威者跑到校内广场上对威尔逊喊话，要求他辞职，还有人闯进进化生物学的课堂表示抗议。有三所大学甚至趁机来“挖”威尔逊到别处的“安全地带”去工作。威尔逊的学生们看出示威者的矛头真正指向的是哈佛大学的管理层，也起而帮助老师解围。“新综合”同情者一方的动作也渐渐大起来。1977 年 8 月 1 日,“社会生物学”登上了《时代》杂志的封面。1977 年 11 月 22 日，威尔逊的新学科荣获美国国家科学奖章。与此同时，反对者则在酝酿着下一个动作。1978 年 2 月 15 日，威尔逊到华盛顿参加美国科学促进会的年会。一个有暴力记录的激进组织——“国际反种族主义委员会”号召会员到场，向人类社会生物学会场的演讲者及威尔逊本人施加压力。

威尔逊来到会场，在反对者的摊位上取了一些宣传资料和一枚胸章，领了张抗议传单，但被对方认出后东西都被夺走了。轮到他发言时，主持人的话音刚落，八名男女冲上讲台，在主席台后一字排开，高举标语，一名青年抢过话筒，对着听众发表演说。会场骚动起来，威尔逊身后的一名女子提起水壶，把水从威尔逊头上浇下来，其他人跟着高喊:“威尔逊，你全湿了！”随后反对者们返回座位，有人递给威尔逊纸巾，主持人夺回话筒向他致歉，听众起立鼓掌，台上其他演讲者（包括古尔德）起身谴责了示威者，会议继续正常进行。

9 月,《论人性》如期出版，并于第二年为威尔逊赢得了一项普利策奖。威尔逊没有停下脚步，他知道对手反对以生物学解释人性的一个重要把柄，在于基因决定论者往往回避了人类社会行为的关键层面——心灵与文化。社会生物学必须正视“文化”问题。这一次，威尔逊找来了一位搭档，多伦多大学年轻的理论物理学家拉姆斯登，两人决定以严谨的数理方法对人类社会的文化行为展开生物学的解析。1981 年与 1983 年，拉姆斯登与威尔逊分别推出了《基因、心灵与文化：协同进化的过程》与《普罗米修斯之火：关于精神起源的反思》两部合著。书中认为：基因先天决定了人体在感知、记忆、情感等方面的基础差异性，使得心灵在后天对文化基因的选择上存在相应的倾向性，这种表现称为后成法则，影响着文化运行的路径；反过来，成功的文化基因选择也使得特定的后成法则受到自然选择的青睐，最终导致相应（生物）基因在遗传进化过程中的频率增加。结果是，“人性”与“文化”都体现出特定的进化倾向，而文化能力如“普罗米修斯基因”为人类盗取的“圣火”，使自由的心灵得以在基因的控制下诞生、发展。

不料这项研究受到了冷落。起初还有一些支持或反对的声音，渐渐地，生物学与社会科学两方面都很少再关注它。威尔逊自忖批评者们并未切中要害，但学术界这种冷淡的态度令他困惑。同时他也注意到，在 20 世纪 80 年代，文化进化的生物学研究还是吸引了一批学者投身其中，只不过问题同样在于应者寥寥。日本遗传学家木村资生曾告诉威尔逊：几乎没有人找他索取这方面的资料。然而威尔逊还是坚信，“协同进化”问题是自然科学与社会科学“统合”的关键所在，即使必要的科学基础尚未完备，至少研究思路与方法已经到位，属于它的时代一定会到来。

“社会生物学三部曲”以及两部后续作品堪称威尔逊的巅峰之作。在此基础上，与分子生物学平分秋色的社会生物学已然建立起来，综合进化论实现了基因学说与行为学的“新的综合”，博物学家也获得了与数理实验科学家进一步合作的新研究范式。1998年，已经退休的威尔逊推出了这项工作的收官之作——《论契合：知识的统合》。此时的他更像一位哲学家，在书中回顾了自古希腊泰勒斯时代以来人类追求“统一知识”的梦想，进而指出，拥有成熟遗传学基础的现代综合进化论，为弥合“人文”与“科学”两种文化的分裂提供了重大的思想契机。因为，生命科学发展的大方向，也正在于整合起自然的纯粹细节与社会－人文的日常世界，以“人”——物质与精神的综合体自身为枢纽，实现人类知识在系统化水平之上的融会贯通。

## 四、博物学家的“生命之爱”

作为新时代的博物学家，威尔逊还在生物学的科研工作之外积极投身于环境保护事业。探索生物多样性的奥秘原本是他早年科学之路的起点，转向社会生物学之后，“基因多样性”（遗传多样性）亦未脱离他的研究焦点。化身为环保先锋之后，以进化生物学为基础，威尔逊发展出一套为“多样性”沉思而呐喊的环境哲学。

1979年，生态学家迈尔斯关于热带雨林破坏状况的报告引起了全球环保人士的关注，也唤起了威尔逊的使命感。报告称，全球热带雨林的面积正在以每年接近1%的速度减少，考虑到生物地理学的“面积效应”，这意味着0.25%规模的物种灭绝。威尔逊随即联系到致力于组织高校科研人员参与保护生物多样性的环保领袖雷文，然后与戴蒙德、迈尔斯等学界名人一道组成了一个同盟，正式与环保人士站在了一起。接下来，威尔逊加入了世界野生动植物基金会（1986 年更名为“世界自然基金会”），担任美国分部的科学顾问。1980 年，《哈佛杂志》邀请包括威尔逊在内的 7 位专家展望未来 10 年的全球性危机，威尔逊指出了基因及物种多样性消失的问题。一时间，威尔逊就生态系统破坏、物种灭绝及相关的社会经济对策频频发声。1985 年，他发表的文章《生物的多样性危机：科学的挑战》引起了多方关注。1986 年，他参加了“生物多样性国际论坛”，由他主编的会议论文集《生物多样性》于 1988 年出版并畅销，“生物多样性”一词也开始走红，进入政治与文化的公共日常语境。1992 年，他又出版了一部专著《生命的多样性》。尽管威尔逊的名字渐渐与“生物多样性”连在了一起，但他承认，这个词是由 1986 年会议的负责人罗森提出来的。真正由威尔逊打造的是另一个更深奥的概念：生命之爱（Biophilia）。

威尔逊 1984 年的著作即以此为名。Biophilia 一词与 Philosophy 相仿，后者指“爱智慧”的文化天性，前者指“爱生物”的情感本能。严格说来这一用法也不是威尔逊首创，弗洛姆于 1964 年出版的《人心：善恶天性》一书中已经用它来表示“生命的爱”。威尔逊对它的定义为“关注生命以及类似生命过程的内在倾向”。《生命之爱》这部著作相当于对基因－文化协同进化原理在环境哲学层面展开，标志着威尔逊智识工作的重心开始由“社会生物学建构”转向“生物多样性阐释”。用他的“文化社会生物学”观点来看，“生命之爱”本身就是一个文化基因，体现为人们对自身生存环境的关心与呵护，这种倾向性经过千百万年自然选择的考验，早已成为人类本性的一部分。可以说，人与自然如水乳交融，只因“生命之爱”既是成功生存的原因，又是生存成功的结果。因此，保护环境、维护生物－基因的多样性，就是在维持人类自身摇篮的稳定性。进一步“统合”地看，人类的哲学、宗教等文化形式得以世代相传，道理也是如此。

付出总有回报。1990 年 9 月，威尔逊由于在岛屿生物地理学方面的杰出贡献及其对生物多样性保护的重大意义，荣获克拉福德生物科学奖，该奖相当于生态学与进化论领域的诺贝尔奖。1990 年 11 月 26 日，世界自然基金会为他颁发了年度金质奖章。1993 年，他因对生态学的贡献获得了一项“国际生物学奖”。这一年，他还与克勒特合编了一部文集——《生命之爱假说》，其中汇集了马古利斯、罗尔斯顿三世等一线学者的前沿成果。强强联合之下，“生命之爱”的理论更加丰满，在学术界更具影响力，也日益成为环保实践者得心应手的思想武器。

1996 年，威尔逊从哈佛大学生物学系退休，此后依然保持活跃，写作、演讲、拍纪录片、创办基金会样样出色。他又接连推出了大量新作，2010 年还写了一部关于蚂蚁的小说。社会生物学与生物多样性依然是威尔逊工作的两大主题。在 1994 年出版的自传《大自然的猎人》的结尾，威尔逊满怀深情地憧憬：“若时光再次流转，我仍然会是天堂海滩上的那个小男孩，那个对‘赛弗柔安’水母着迷不已，但是只瞥到一眼水底怪兽的小男孩。”

（作者：刘　利）

# 霍兰

## 遗传算法之父

约翰·亨利·霍兰

（John Henry Holland，1929—2015）

约翰·亨利·霍兰，1929 年 2 月 2 日出生，早期学习物理与数学专业，1959 年成为美国密歇根大学取得计算机科学博士学位的第一位博士。他是世界著名非传统人工智能专家和心理学家，是遗传算法的发明人，以遗传算法之父闻名于世，同时是复杂性科学研究的先驱者之一。

## 一、学术生涯

霍兰曾是美国密歇根大学电子工程与计算机系教授兼心理系的心理学教授，密歇根大学复杂系统研究中心成员，世界著名的复杂性系统科学研究中心美国圣菲研究所的董事会会员和科学委员会成员以及该所的客座教授，世界经济论坛成员，圣菲研究所指导委员会主席之一。

他还曾获得美国麦克阿瑟奖和美国电气电子工程师学会的计算机先驱奖等奖项。

霍兰从事适应性研究，其主要研究兴趣是复杂自适应系统（自然和人工）、基于计算机的认知过程模型和基于计算机的思想实验模型结构等，是复杂自适应系统理论的提出者。他出版了四本相关著作:《自然与人工系统中的适应》《隐秩序》《涌现》和《推理、学习与发明过程导论》。

霍兰有多方面的才华，他曾获得的一个发明专利为：《能够学习与发现的适应性计算系统》（美国专利：4，697，242；与密歇根大学“计算机逻辑小组”成员阿瑟·伯克斯合作）。霍兰在广播与电视节目方面，有作品5项；其他出版类作品有54项，大多都是关于遗传算法、人工智能与复杂自适应系统理论方面的公开发表的学术论文。

他与阿瑟·伯克斯及其同事一道创立的密歇根大学计算机和通信科学系是现在的密歇根大学电子工程与计算机系的前身。这个专业主要研究各种复杂信息处理系统，既包括自然的又包括人工的系统。霍兰曾经有过在美国新墨西哥州洛斯阿拉莫斯国家实验室做一年访问学者的经历，这使得他有机会了解数学家乌拉姆的工作和学术，对于他后来从事复杂自适应系统理论的研究有一定的启发作用。霍兰也是密歇根大学的“巴赫”学术活动小组最早的成员之一。这个学术活动小组学术兴趣是专门讨论有关复杂自适应系统的话题。这个小组最早的五位成员是阿瑟·伯克斯、罗伯特·阿克塞尔罗德、迈克尔·科恩、霍兰和卡尔·西蒙。“巴赫”是高度跨学科的学术活动小组，成员是来自计算机科学、生物学、认知科学、数学和经济学等专业的学者。“巴赫”学术活动小组自始至终坚持活动与交流，对于霍兰跨学科思想的形成、复杂自适应系统理论的创立起到了重要作用。霍兰后来参加的第二个学术活动小组是圣菲研究所的跨学科研讨活动小组，霍兰在洛斯阿拉莫斯国家实验室的“非线性会议中心”年会的一次讲演中遇见诺贝尔物理学奖获得者、加州理工学院理论物理学教授、圣菲研究所创建人与研究成员之一的盖尔－曼，自此接受盖尔－曼邀请，参加圣菲研究所学术活动小组，成为其中一员。圣菲研究所第一任所长考恩的远景计划及其细致入微的组织工作，为圣菲研究所成员提供了理想的学术交流与知识共享环境。圣菲研究所鼓励进行深入的跨学科研究，鼓励跨专业专家间的学术交流。这对于霍兰加深复杂自适应系统基础认识和拓宽适用性理论研究思路起到了决定性作用。

应复杂系统国际研究团队邀请，霍兰在 2004 年 3 月和 2005 年 7 月访问中国科学院系统科学研究所。2004 年 3 月 15—19 日，霍兰在两次讲座中深入介绍了在复杂自适应系统研究的最新成果并探讨遗传算法、分类器系统和复杂自适应系统理论。2005 年 7 月 8 日霍兰作了一场学术报告，这对中国学者研究霍兰理论产生了积极影响。

1999 年 5 月 15—18 日，鉴于霍兰教授对密歇根大学乃至世界的诸多科学贡献，学校专门为其举办表彰会议与学术研讨会。17 日下午，在密歇根大学现代语言大楼礼堂举行隆重的表彰大会。会议由密歇根大学复杂系统研究中心主任、数学与经济学系教授、公共政策学院教授卡尔·西蒙主持。密歇根大学校长、教务长代表校方作了公开发言。来自各领域的科学家代表分别从经济学、物理学、神经科学、生态学等不同专业视角发言并对霍兰的贡献作了评论。他们高度肯定了霍兰的工作，并阐述了其对各自所从事的学科的影响及霍兰科学成就的意义。就霍兰基于遗传算法的先驱性思想、适应性主体的模型、复杂自适应系统等方面，霍兰以前与现在的学生、同事、合作者和许多与他的研究工作有关系的学者都参加了会议并进行了研讨。

## 二、发明遗传算法

### 1. 霍兰遗传算法思想产生的背景

霍兰于 1974 年首先提出了模拟遗传进化过程的计算方法——遗传算法，发表在题为《遗传算法和试验的优化分配》的论文中。在对费希尔的著作《自然选择的遗传理论》进行批评，以及对人工智能领域中持符号观念的艾伦·纽厄尔和赫伯特·西蒙的理论进行质疑以后，霍兰从对学习、进化和适应性的考虑中提炼出了“积木”概念。他认为通过学习而改变“积木”的结构就是适应性机制。基于此，他在坚实计算机科学背景影响下，运用 0 和 1 表示的符号串作为最基本的表达方式，作为考虑问题的表示和构建方法，通过引入交换和突变两种生物学中的遗传机制作为算子，通过计算机的模拟，提炼出了表达进化、适应性、突现和公共的进化机制的遗传算法。

### 2. 霍兰遗传算法构成的主要思想

遗传算法是模拟生物界进化过程而提出的一种离散动力学系统。霍兰借助遗传算法解决了适应性主体内在的、有目的地选择优良“积木”（基因组合）的机制。撇开纷繁的表层现象，他把整个生物的自然演化仅仅简化为染色体的“选择”“交换（配）”“突变”等。借助该方法，适应性比较强的染色体（规则）被选中做父母可能性更大些，是实现涌现的一种机制。过去的生物进化理论对于出现的优良性状，笼统地归因于基因突变，并没有说明为什么会有优良性状的出现。而遗传算法却成功地做到了这一点，也就是说解决了生物的演化机制问题。适应性主体就是通过选择、检验和组合综合适应度高于平均数的染色体而实现进化。一般来讲，适应的生物将是成功的父母。那么，组成它们的“积木”适应度也是较高的，在遗传算法中很可能被选为父母。通过频繁迭代，生物完成了其漫长的进化，形成了纷繁复杂的世界。

3. 霍兰对遗传算法思想的发展

霍兰在《隐秩序》《涌现》中对遗传算法作了进一步发展。出于对人类心智的突现和适应性考虑，他认为早期提出的遗传算法虽然抓住了进化本质，但是过于简单，因为没有包括产生适应性的主体。1986 年，霍兰又提出了刺激—反应模型理论。这一模型是并行传递消息的基于规则的主体适应系统，能应用学习算法修改其规则。霍兰为每个适应性主体引入内部模型的概念，而每个主体，他们作为“积木”，则根据自己的模型进行预测，可以通过经验而学习，而学习是赫布式的。对于由这些主体组成的分类器系统，他引入了一个类似于认知科学中的小妖模型的机制，主体之间通过拍卖竞争的机制而相互作用，通过所谓的“传递水桶算法”而对每个主体的行为给予反馈，从而产生学习行为并适应环境。在此基础上，他又一次运用了 0 和 1 串表示方法和遗传算法来扩充整个系统的学习能力，使得系统不仅有开采式的学习，还有探险式的学习。

4. 对遗传算法的基本评价

基本的遗传算法组成部分应该包括：（1）人工适应主体的行

为编码用二进制符号串表示；（2）人工适应主体对环境适应的程度用适应值函数表示；（3）用遗传算子表示群体的生成演化。基本的遗传算子有繁殖算子、交叉算子和变异算子。霍兰在 1975 年提出的遗传算法是模拟生物进化的智能优化算法，现在成为进化计算研究的一个重要分支。与传统优化算法相比，遗传算法的优点是：群体搜索，不需要目标函数的导数，概率转移准则。按照生物学的可进化概念，遗传算法所追求的是当前群体产生更好个体的能力，即遗传算法的可进化性与群体可进化性，遗传算法的理论与方法研究也围绕这一目标展开。例如，如何更好地模拟复杂系统的适应性过程与进化行为。霍兰及其团队很好地研究了这一问题。

从算法视角分析，与传统的启发性优化搜索算法相比，遗传算法的本质特征在于群体搜索策略和简单的遗传算子。群体搜索使遗传算法得以突破邻域搜索限制，可以实现整个解空间上的分布式信息探索。这样就使得遗传算法获得了强大的全局最优解搜索能力，成为一种具有良好普适性和可规模化的优化算法。

从应用视角分析，遗传算法的优点是应用简单的编码技术和繁殖、交叉与变异机制来表现复杂的演化现象，从而解决非常困难的问题。刺激反应系统则将问题求解和学习机制有机地结合起来，体现了“干中学”的思想。人工适应主体技术已在优化计算、大空间搜索、问题求解和机器学习等计算领域得到广泛应用，并开始在经济学研究领域得到广泛应用。如回声模型、由 SWARM 建模解释宏观经济演化模型等。

## 三、创立复杂自适应系统理论

### 1. 复杂自适应系统理论的形成背景

20 世纪 80 年代，美国新墨西哥州洛斯阿拉莫斯国家实验室的三位诺贝尔奖获得者盖尔－曼、肯尼斯·阿罗、菲利普·安德森为了开展对复杂性的跨学科、跨领域研究，联合了一批不同学科的科学家，于 1984 年在该实验室附近的圣菲，组建了圣菲研究所。从 20 世纪 90 年代开始，圣菲研究所致力于复杂性系统科学的研究工作。传统的管理事实上就是一种控制，在控制领域，自适应控制系统的目标是：考虑如何在系统和环境及其变化规律不确定时，通过自动调整系统的结构或参数保持一种稳定状态。而圣菲研究所对自适应控制系统的研究是从另一条思路来考虑的。他们研究的中心问题是：某种新性质是如何涌现出来的，而不是有意地去保持某种已经确定的性质，这种思想促使了复杂自适应系统的研究。在圣菲研究所几位跨学科科学家对复杂性系统研究的基础上，1994 年霍兰在圣菲研究所成立 10 周年的演讲报告中，正式提出了具有适应能力的、主动的主体，可以根据环境变化改变自己的行为规则以求生存和发展。这标志着霍兰复杂自适应系统理论正式创立。

### 2. 霍兰复杂自适应系统理论的基本思想内容

霍兰在 1993 年的一次演说中提道：“许多长期困扰我们的问题——贸易不平衡、可持续发展、艾滋病、遗传病、精神卫生和计算机病毒等，都处于它们各自的复杂系统中心。”“然而，尽管存在表面上的这些许多不同，这些系统却共同具有一些显著的特征，以至于我们可以按照圣菲研究所的研究方式将它们归结为单独的一类，称为复杂自适应系统。”复杂自适应系统标志着我们的一种认识，即存在着一些一般性规律，它控制着这些复杂自适应系统的行为，而这些一般性规律指明了解决那些伴随问题的方向。霍兰终生所关心的问题都是对学习、适应性及突现等概念的理解。有几件事情对他的思想影响极大：塞缪尔的跳棋程序中所包含的关于对手的内部模型和运用这个模型去预测，并通过经验而学习的思想；唐纳德·赫布关于大脑神经网络的学习和记忆的理论；赫尔曼·黑塞写的最后一本小说《玻璃球游戏》中的思想启迪。这些思想为霍兰从事复杂自适应系统的研究与思考产生了重大影响。

复杂自适应系统理论的核心思想是适应性造就复杂性。霍兰引入内部模型、涌现、“积木”等概念，使用计算机模拟、遗传算法和隐喻等方法，为复杂系统的研究提供了新思路。下面具体阐述霍兰的复杂自适应系统理论。

第一，适应性造就复杂性。复杂自适应系统理论认为，适应性是造就复杂性的根本原因之一，是主体的内部结构和行为方式与外部环境相协调、系统内部自组织和环境共同作用的结果。复杂自适应系统理论把系统的适应性主体看成具有自身目的的、能调控自己行为的“活性”主体，而这些特性和行为的主要表现就是主体的适应性和因之而产生的复杂性。复杂产生于混沌的边缘，而系统就是通过对环境的适应到达混沌边缘的。在生物学里，适应是指生物体调整自己的结构和功能以适应环境。该生物体的结构和功能是通过不断的学习和反馈而形成的。霍兰把“适应”这一术语的内涵加以扩大，涵盖了学习及其相关过程。学习和适应的过程，对不同的复杂自适应系统差异很大。在神经系统中，个体神经元发生的适应性变化的间隔从数秒到数小时，生态系统的适应性变化可能需要数年到数千年，甚至更长。但透过时间的表象看，它们的本质是相同的。复杂自适应系统理论最基本的概念是具有适应能力的活性主体，简称主体。主体则随着时间不断进化，特点是：能学习，会成长，具有积极主动性特征。

第二，引入“积木”概念。引入“积木”概念组成内部模型是复杂自适应系统理论最富有新意之处。使用“积木”组成内部模型是复杂自适应系统的一个普遍特征。每一块“积木”可以简化为控制一定性状的基因组合。霍兰说：“从古至今，唯有一个爱因斯坦……如果进化过程在每一代都‘忘记’那些最杰出的人，那么它‘记住’了什么呢？隐式并行性给出了答案。特定的个体不会再现了，但他们的‘积木’却会再现。”这就在某种程度上较好地说明了，生物在进化过程中为什么能吸取教训而调整自己的行为更好地适应环境，因为每一块“积木”都代表着适应特定环境的机制，它们的组合有最大的适应性。当然，不同生物的适应过程有不同的时间跨度，但本质是一样的。在复杂自适应系统理论中，这个过程就是“积木”的有效组合形成内部模型的过程。复杂自适应系统的演化本质就在于发现新的“积木”，进行新的组合。那些表现出较强的综合适应能力、强度比较大的规则——“积木”会频繁地使用。在复杂自适应系统理论中，“积木”有不同层次。上一层的“积木”通过特殊的组合，派生出下一层“积木”。每一个层次的作用者对更高层次的作用者来说都起着建筑砖块的作用。例如一组蛋白、液体和氨基酸会组成一个细胞，一组细胞会组成生理组织，一组生理组织会形成一个器官，器官的组合会形成一个完整的生物体，一群不同的生物体会形成一个生态环境，等等。“积木”概念生动地说明了主体能在进化过程中主动地选择组合基因，从而涌现出许多前所未有的优良性状的原因。

第三，提出具有内在主动性的内部模型。内部模型在复杂自适应系统理论中，是适应性主体的一种实现预知的机制。它能在主体遇到的大量涌入的模式中挑选模式，然后将这些模式转化成内部结构的变化，变化了的结构即内部模型。如果从复杂自适应系统的角度来看生物进化，内部模型有着十分重要的意义。有了内部模型，适应性主体能将外界环境输入的各种信息转化成内部结构的变化。“以虫为食的鸟能预感到，具有鲜艳橙褐色鳞翅的蝴蝶有苦味道。它们如何做到这一点的？所有的复杂自适应系统都存在这个问题，它把我们带到复杂自适应系统的另一个标志面前：主体能够预知某些事情。”这涉及生物体的内在主动性问题。通常，我们把这种内在主动性局限于较高级的哺乳动物，而不是把它看成所有生物体的特性。事实上，一个大肠杆菌能自觉或不自觉地游向葡萄糖浓度大的地方；一只狼的行动，是基于由地理标志和气味共同作用而形成的一幅概念上的地图而产生的行为等。这些行为都是生物体内在主动性的表现。“进化当然远远不只是随机变化和自然选择。进化同时也是实现和自组织。”进化是变异、自然选择以及生物自组织和共同演化的结果。在理论中，变异即发生变化了的内部模型，是通过自然的选择作用形成的适应性形状。复杂自适应系统都有内部模型，虽然有些不是明确表达出来的，但都能够用来预测未来，而且复杂自适应系统的最根本适应机制之一就是改善与重组自己的“积木”。

第四，建立可操作的计算机模型。计算机的最大好处在于能够进行实际系统中不能进行的复杂性行为探索，缩短系统演化的时间跨度和随时修改演化参数等。复杂自适应系统理论借助计算机技术对现实复杂自适应系统主体的各种行为特性进行模拟，建立了回声模型，试图揭示适应性造就复杂性的根本规律。目前已经有了很大的进展。混沌来自有序，是有序和复杂之间的桥梁，有序是通过混沌到达复杂的。霍兰所称的“隐秩序”就是复杂自适应系统在系统运行中通过一种内在的自发自组织过程，使适应性主体之间相互作用形成的一种离散动力学行为。由于霍兰是从微观层次——适应性主体入手的，通过它们相对简单、有序的活动，找出其规律，进而在不同层次上进行计算机模拟，试图找出适应性是怎样造就复杂性的规律。复杂自适应系统理论借助计算机技术对现实复杂自适应系统主体的各种行为特性进行模拟，揭示适应性造就复杂性的根本规律。

第五，用隐喻解释涌现性规律。霍兰认为把两种传统——欧美科学的逻辑－数学方法与中国传统的隐喻类比相结合对复杂性问题的研究也许更有帮助。霍兰受种子萌发、国际象棋等的启发，在他的《涌现》一书中得出了“简单创造复杂”的重大命题。一粒小小的种子可以长成一棵参天大树。尽管国际象棋的规则少于 12 条，但是人们经过几百年的潜心研究，到现在还不能穷尽其所有的步法。这些都向我们昭示简单（要素、规则）可以涌现出复杂。霍兰这种透过不同的事物现象的类比，能够揭示出隐藏在背后的共同规律的思想，事实上使用的就是一种“隐喻”方法。在计算机中，模型就是一种隐喻的方法。隐喻可以暗示适应性主体的行为，隐约地朝目的方向前进。通过模拟复杂系统的行为，可以靠直觉领悟出现代科学方法无法得出的规律。隐喻与中国传统的“取象比类”比较接近，是一种为了刻画不同事物共同本质属性而进行的一种便于理解的类比或比喻。隐喻在科学研究中不一定能起到论证作用，但能开发思维、激起灵感。霍兰认为把两种传统类比相结合，对复杂性问题的研究也许更有帮助。

综合上述，复杂自适应系统理论的几个显著特点是：第一，强调主体和环境的互动作用。这一规则揭示了系统是活的、具有生长和发展前途的机制。第二，提出从个体的演化到系统的演化——回声模型，这种宏观和微观统一的、有机的、内在的结合，是复杂自适应系统理论又一个创新点。第三，以前讨论系统一般把元素或部分视为死对象，复杂自适应系统理论强调了智能主体具有积极主动的“活性”特征。复杂自适应系统理论在这一点上的突破，使它具有了与以前的理论根本不同的、新的分析视角与方法。第四，复杂自适应系统理论具有可操作性，为模拟研究创造了条件。这一点通过 SWARM 建模和模拟涌现机制与过程得以体现。

当然，复杂自适应系统理论也存在一些问题。诸如：逻辑自洽性不强，有太强的生物学、经济学背景，过分依赖计算机，定量和定性结合不够，一些关键概念、难点问题阐述不够等问题。这说明它的理论体系的完善还需要后人进一步努力。

## 四、提出复杂自适应系统的涌现理论

### 1. 涌现思想的产生及其概念的提出

涌现的概念（“整体大于其各部分之和”）非常简单，然而它在科学、商业、管理、经济及艺术等诸多领域中都具有极深寓意。在《隐秩序》《涌现》中，霍兰用深入浅出的描述向我们生动地阐明：涌现理论能够预言许多复杂行为，同时也给予我们关于生命、智慧和组织的很多启示。涌现理论将组织管理从还原论中解放出来，提倡以整体和系统的观念对待组织管理中的复杂性问题，并提出了涌现、自组织、适应性主体、刺激反应模型、受限生成过程等一系列概念，对知识型组织创新机制的研究会产生重大影响。

在《涌现》这一著作中，霍兰比较了显示涌现现象的不同系统和模型，展现了它们之间共同的规则或规律，讲述了从“蕴含着规范、能够生成像巨大的红杉和普通的雏菊那样复杂而独特结构”的微小种子到能够通过自学习在西洋跳棋游戏中让设计者一败涂地的计算机，从能够修建桥梁、跨越深沟和驾驭树叶之舟在溪流上航行的蚂蚁群到诗人充满感情的创作等涌现现象的具体表现。霍兰渊博的学识，天文、地理、诗歌、文学无所不包的内容，充分显示了他独特的跨学科分析能力和对系统独特的研究视角——涌现性。

### 2. 涌现的核心内容

如果仅靠偶然性变异，不可能有今天这样丰富多样的生态系统。当系统处于混沌的边缘时，适应性主体之间的差异不断扩大而产生相互干扰，必然导致涌现性的出现，但哪个主体在交互作用中最终占优势，是不确定的。复杂自适应系统中最活跃的地方是混沌边缘，它是有序和无序之间的一种相变过程，具有有界不稳定性特征。这意味着宏观上必然产生复杂系统，但具体怎样产生是不确定的。涌现进化是一种自组织，没有外在的推动力。霍兰认为“产生较大多样性的第一步是突变，它造成了条件交配所需要的环境。随后，交换和重组将会发挥更大的作用，从而充分利用突变积累而逐渐增加的、可能的组合范围”。也就是说，生物之间的变异并不完全是偶然的，是有目的“隐约地”朝着有利的方向演进，达到一定程度以后，就开始涌现出更复杂的结构。通过自然选择的作用，涌现出新质的物种将会在自然竞争中优于旧的物种，更能适应环境，这样就实现了生物由低级向高级的进化。

霍兰继续通过抽象概括深入他的这些认识，提出了复杂自适应系统的本质，包括诸如人脑、免疫系统、生态系统、细胞、蚂蚁群以及人类社会中的组织等。他认为每一个这样的系统都是由并行地相互作用的主体组成的网络。因此，对这样一个处于某种环境内的共同演化的系统来说，没有任何事情是比较一致的。诺贝尔物理学奖获得者、普林斯顿大学凝聚态物理学家、圣菲研究所组建人与成员之一的菲利普·安德森认为复杂性的研究有两个任务：一个是研究并且理解在由多个部分组成的更宏观些的层次上的涌现现象和性质；更为重要的一个是研究在不同的功能层次之间的转化过程。复杂系统的多层次的概念对于认识清楚系统本身的结构与关系，确定其不同层次的涌现功能具有重要意义。

霍兰在研究复杂自适应系统中发现以下特征:（1）有许多生态位，正如热带森林;（2）没有统一的最适应的或者最佳优化;（3）连续创新，随机平衡态是相当少的和暂时的。为了理解复杂自适应系统，我们不能整个依赖于统计控制和微分方程标准。我们必须发现属于系统的“积木块”而且研究描述“积木块”相互作用的网络，例如高新技术企业中的集成技术创新问题就是以这为原理的。这些“积木块”的相互作用是典型条件，而且随之发生的事件具有高度非线性特征。基于计算机的SWARM模型具有揭示复杂自适应系统行为的特征。这一特征构成涌现的基本机制与原理。

3. 涌现性提供了认识科学研究的新视角

复杂自适应系统理论对宏观与微观间的联系，给出了新的认识视角。涌现是在微观主体进化的基础上，宏观系统在性能和结构上的突变。这种突变在以往的观念中是难以认识和控制的，也不是用数据统计等数学分析方法所能完全说明的。复杂自适应系统理论的涌现性为我们认识和解释经济、社会、生态、生物的许多现象提供了新视角。从目前来看，近代科学在思想方法上的主要偏颇在于受还原论的影响严重，即片面地强调分解，而在相当大的程度上忽视综合。具体地说，这种片面性主要表现为：第一，忽视了整体性，认为只要掌握了各个局部，整体自然而然地就清楚了。第二，片面强调量变而忽视了质变，甚至认为一切质变都可以归结为量的变化，在事实上否认了质变。例如，夸大数学科学与自然科学分析方法的作用。第三，否认层次之间的差别，以为目前人类已经认识的局部规律可以在任何层次上使用。例如，牛顿力学的连续概念等；第四，用静止的观点看待事物，不承认世界有真正的发展和变化。近代科学过分强调分解，学科越分越细，而且互不交流，甚至相互排斥。过分专业化使统一的人类思想陷入分裂。计算机科学的发展，使人们分析大批量信息、模拟复杂系统的能力大大提高。从一个细胞呈现出来的生命现象到股市涨落、城市交通管理、自然灾害预测乃至社会的兴衰等，复杂自适应系统都有一些共同特点：在变化无常的活动背后，呈现出某种捉摸不定的秩序，其中涌现被认为是复杂系统的最典型的特征之一。例如，人脑与电脑相比，人脑神经元并不是按逻辑线性行动的，但整体涌现出高度的智慧。这就为人的创造性智力劳动的研究与解读提供了整体思考方法。

## 五、对霍兰科学贡献的评价

### 1. 霍兰科学思想对科学研究的方法论启示

根据中国人民大学经济科学实验室陈禹教授对霍兰复杂自适应系统理论的特点及其在认识论意义上的分析研究，结合科学思想史研究视角，我们得出霍兰科学思想的方法论启示如下。

第一，以涌现为特征的新演化观。过去的系统科学理论没有或较少阐述适应性和复杂性的相互关系，在这一方面复杂自适应系统理论实现了突破。复杂自适应系统理论通过把系统元素理解为活的、具有主动适应能力的主体，引进宏观状态变化的“涌现”概念，使从简单中能够产生复杂的观念得到有力支持。客观事物以及整个世界的发展趋势是多种多样的，存在从简单到复杂的“涌现”

趋势。这种新的演化观正在得到越来越多的科学发现的支持。

第二，为层次之间关系的理解提供新视角。层次是系统科学的重要概念。从某种意义上讲，系统科学是研究层次之间相互联系、相互转化规律的。所谓局部和整体、元素和系统、个体与群体，实际上就是揭示两个层次之间的关系。现代科学兴起以后，关于层次之间的过渡与转化，主要依靠的是统计等数学方法或量化分析方法。不过单靠概率、统计分析等方法还无法解释世界的演化与宏观尺度上的涌现。复杂自适应系统理论通过承认个体的主动性，为系统演化找到了内在的、基本的动因，为理解层次概念及层次之间的越界关系提供了新视角。

第三，揭示了人与组织的智力演化机制。复杂自适应系统理论研究了随机性和确定性如何有机地结合的机制与途径。一方面，体现以下随机性：（1）环境刺激的随机性，主体事先不知道会接收到什么样的刺激信号，只是做好准备接受刺激；（2）反应的随机性，由于反应规则不唯一，选择哪条规则作出反应有一定随机性，新规则的产生也受随机因素支配。另一方面，系统总的理论框架是十分确定的，虽然没有规定确定的演化目标，但在一定环境刺激下，它向哪个方向发展是确定的。复杂自适应系统理论尽量在演化机制的各环节上，有规律地引入随机因素。用遗传算法进行系统研究的实践表明，这种结合能够更好地描述客观现象，既有随机性，又有确定的发展方向，而且收敛速度比单纯的蒙特卡罗法快得多。这也许能对新经济时代知识型组织的知识演化机制给出更符合实际的解释与说明。

第四，对组织智力资源管理给出新理解。最早的刚性管理思想是机械的控制观，即“我指挥，你动作”。这种早期自动控制系统观指导下的理论适用于对机器等没有生命的物体的管理。第二代管理思想是：造成一定的环境（或势），使大量无规则运动的整体效果达到某个预定目标。这是基于热力学的第二代控制观。复杂自适应系统为第三代系统管理思想提供了理论基础。在这里，环境继续发挥主要作用，但不是简单地通过统计规律，而是通过影响个体行为规则起作用。柔性管理不是通过“我推你动”的方式实现，而是遵从个体自身适应和变革的规律，通过环境“引导”个体改变自己的功能和行为，以达到客观控制的目标。该理论适于对从事创造性劳动的高级知识分子的管理。

2. 对霍兰发明遗传算法与创立复杂自适应系统理论的评价

霍兰提出的复杂自适应系统理论，揭示了适应性主体组成的复杂系统是如何演化、适应、凝聚、竞争、合作和产生多样性、新颖性、复杂性的。诺贝尔物理学奖得主盖尔－曼评价霍兰的工作：“在《隐秩序》一书中，霍兰为读者讲述了 21 世纪科学中最激动人心的部分。作为遗传算法和‘回声’模型的创始人，他清晰而风趣地解释了复杂自适应系统（特别是基于计算机的复杂自适应系统）的重要性质。沿此道路，他为经济学、生态学、生物演化和思维研究都提供了非常宝贵的洞见。”1999 年 5 月 17 日下午，诺贝尔经济学奖获得者、斯坦福大学经济学教授肯尼斯·阿罗在霍兰表彰奖励大会上作了题为《霍兰和经济学演化》的发言。他说：“经济活动主体必须形成预期，去指导他们的行动……研究表明：遗传算法对模型化的证券市场作为组成共生演化规则结构，给出了一个可信的图景。”印第安纳大学认知科学教授、普利策奖获得者侯世达在表彰会上作了题为《约翰·霍兰：人文终结之父》的发言，他强调霍兰在揭示系统演化机制上对人类从科学与人文两个方面做出了贡献。霍兰的复杂性理论具有生物学背景。索尔克生物研究所神经科学教授史蒂文斯在表彰会上作了题为《霍兰和理解生物进化理论的作用》的发言。他说：“霍兰的工作为评价现代生物学中的进化理论在复杂自适应系统中的形成提供了一个清晰的框架。”

霍兰是世界著名的科学家，是复杂性科学研究的先驱者之一。霍兰的遗传算法、复杂性理论、涌现等科学思想必将成为指导人类思考并用来解决相关领域中的实际问题的方法。

（作者：金　福　陈　伟）

# 尼斯莱因－福尔哈德

## 发育遗传学家

克里斯蒂亚娜・尼斯莱因－福尔哈德

（Christiane Nüsslein-Volhard，1942—　）

尼斯莱因－福尔哈德是德国有史以来第一位获诺贝尔奖的女科学家。她曾先后在法兰克福大学和图宾根大学攻读生物学、物理学和化学。从1979年至1980年，她与美国遗传学家维绍斯一起，用经典遗传学的方法，在显微镜下观察果蝇胚胎发育期间的突变性状，并找出与此相关的基因，从而开创了发育遗传学的新纪元。正如诺贝尔委员会发布的获奖公告中所指出的："这些基因在确定躯体设计和体节的形成过程中起到关键的作用。"在继果蝇研究之后，尼斯莱因－福尔哈德又对一种脊椎动物——斑马鱼进行发育遗传学的研究，在这个新的领域，她同样做出了重要的发现。

由此可见，尼斯莱因－福尔哈德醉心于发育学研究。这是因为她对复杂性的形成机制有着强烈的好奇，而正是在发育现象中，她看到了"复杂源于简单"这一命题的深刻含义。所以，她的工作不仅揭示了与发育有关的关键基因的存在，正如欧洲分子生物学实验室在她获得诺贝尔奖后，在其网页上指出的那样，她的工作是"发育遗传学上的历史性转折点""发育遗传学上的一次革命"，而且增进了我们对复杂性的理解，我们对世界的认识也由此变得更加丰富多彩。

## 一、成长的足迹

尼斯莱因－福尔哈德于 1942 年 10 月 20 日出生于德国马格德堡，那时二战的烽火正浓。父亲罗尔夫·福尔哈德是一个建筑师。祖父是医学教授，擅长诊治心脏和肾脏疾病。外祖母是一个画家，她的作品具有印象派风格，有着极高的欣赏价值。然而为了操持家务，她最终放弃了自己心爱的专业。但是尼斯莱因－福尔哈德从小就由衷地敬佩外祖母，因为她是一位出色的女性，她那强烈的个性和才能深深地吸引和影响了童年时期的尼斯莱因－福尔哈德。尼斯莱因－福尔哈德的父母都来自多子女的家庭，故而她的堂、表兄妹有 33 个之多！尼斯莱因－福尔哈德是父母孕育的 5 个孩子中的第 2 个。

童年的尼斯莱因－福尔哈德生活在法兰克福南部的一个平原，他们家有一个相当大的院子，靠近森林。由于当时正处于战争后期，物资极为匮乏，孩子所需的书和玩具尤为奇缺。但是，战争的艰难显然未对尼斯莱因－福尔哈德的童年投下阴影，这要归功于她父母的良好教养。他们从不约束孩子，所以，孩子有充分的自由做自己感兴趣的事情。父亲还总是乐于参与这些充满童稚的游戏，并与孩子共同分享其中的乐趣。尼斯莱因－福尔哈德与父亲一同讨论数学，还讨论歌德的论文，这也许是她最早的智力启蒙。尼斯莱因－福尔哈德后来承认，歌德是她最敬仰的生物学家，另一位则是达尔文。

尼斯莱因－福尔哈德的父母都富有音乐和美术修养。这使得孩子从小就有机会深受艺术的熏陶，并从中获得愉悦。尼斯莱因－福尔哈德学会了吹长笛，虽很努力，但水平总不及其他姐妹。在这个大家庭中，唯有尼斯莱因－福尔哈德投身于科学研究事业，其他人则成为建筑师、音乐家、艺术教师等。对此，尼斯莱因－福尔哈德谦逊地表示，也许是因为她的家人有耐心听她讲述她在科学方面的见解，从而鼓励了她对科学的兴趣。但是，尼斯莱因－福尔哈德毫不犹豫地将音乐视为她的第二选择，假如她不从事科学的话。

尼斯莱因－福尔哈德的祖父母深居于一座小山之中，尼斯莱因－福尔哈德的假期全在那儿度过。正是在那里，尼斯莱因－福尔哈德饲养各种动物，帮助大人收割庄稼。与自然的亲近，使她从小就迷上了动植物。她在 12 岁时，就立下了一个心愿，长大要成为一个生物学家。

在中学期间，尼斯莱因－福尔哈德的成绩毫不起眼，这是因为她常懒于做各种作业。后来她有幸看到老师的评语。评语颇能反映她的性格：这是一个知识面极为广泛的学生，但没有耐心做自己不感兴趣的事情。相反，对于感兴趣的领域，她的掌握程度超过正常教学水平。……她智力出众，有敏锐的判断力及独立的研究能力。

中学的生物学课程再次激发了尼斯莱因－福尔哈德对该门学科的兴趣。在课堂上，老师介绍了许多现代生物学的话题，如遗传学、进化论、动物行为学等。受这一教学方式的启发，尼斯莱因－福尔哈德甚至试图提出一种新的进化理论。这当然仅是少年时代的一种不切实际的幻想，但同时也反映了尼斯莱因－福尔哈德敢于闯入新领域的勇气。正是这种勇气，成为她日后科学研究的不懈动力。

1962年，中学毕业的尼斯莱因－福尔哈德如愿以偿进入法兰克福大学学习生物学。但是在尼斯莱因－福尔哈德看来，大学所开设的课程极为乏味，缺乏新意。不久她开始听物理学的课程，还旁听数学和理论动力学，这些课程吸引了尼斯莱因－福尔哈德达一年之久，但后来她发现它们实在太难了。通过学习化学，尼斯莱因－福尔哈德才想起她的真正兴趣应是生物学。当时，德国图宾根大学的生物化学堪称一流，于是在1964年，她只身来到图宾根。

这是一个非常可爱的古老的小城镇。这里没有现代化的设施，但充满了浪漫情调。然而，尼斯莱因－福尔哈德还是不喜欢这儿的生物化学课程的风格，认为它更接近有机化学而不是生物学。但是，这里的教学毕竟为尼斯莱因－福尔哈德对基础学科的掌握提供了一个坚实的基础。例如，物理化学和立体化学的课程就深受尼斯莱因－福尔哈德的喜爱。最后一年，学校开设了微生物学和遗传学两门新课程，尼斯莱因－福尔哈德立刻被它们吸引。她热心地参加了各类与此有关的学术研讨会，讨论会上的题目在当时看来处于前沿研究领域，如有关蛋白质合成和DNA复制等。这些精彩的内容迷住了年轻大学生的心，虽说她还谈不上全部理解这些内容。

1969年，尼斯莱因－福尔哈德成为夏勒的第一位研究生。夏勒是一个化学家，在图宾根的普朗克研究院工作。他教尼斯莱因－福尔哈德用定量的观点思考问题，尼斯莱因－福尔哈德从中受到了真正的实验训练。最初她的研究题目是“通过 RNA-DNA 杂交技术来比较某些噬菌体中的 DNA 顺序”，后来因提纯技术不过关而放弃了。最后，尼斯莱因－福尔哈德与另一位研究生合作，发展了一种新方法，可以从噬菌体中大规模提纯 RNA 聚合酶。

由此可见，尼斯莱因－福尔哈德最初接受的是标准的分子生物学训练。但耐人寻味的是，后来她厌烦了这些课题，因为这些实验全都涉及 DNA 测序，而当时重组 DNA 技术还处于酝酿之中，对于它的前景，她采取观望态度，她不想更多地涉足这一尚不成熟的领域。

不过普朗克研究院毕竟是一个充满活力的地方。当时有两位理论家吉勒和迈因哈特，他们提出一种梯度模型，以解释有序、极性是如何从混沌、均匀中自发建立机制的。尼斯莱因－福尔哈德对这样的模型简直着了迷，虽说她当时还远远无法理解这个模型的深刻含义。她感兴趣的是“模式形成”问题，这与复杂如何从简单中诞生有关。而胚胎发育面对的恰恰是这一问题。于是，尼斯莱因－福尔哈德开始大量阅读有关发育生物学方面的参考书。

另外一个强烈的影响来自分子遗传学。弗里彻正在研究大肠杆菌中的 DNA 复制。他对影响复制的突变作了筛选，用的是相当精确的方法，工作富有效率。他的工作使尼斯莱因－福尔哈德确信，遗传学的力量在于分析复杂的过程。于是，她想寻找一种合适的有机体来作发育研究，这样尼斯莱因－福尔哈德就站在了发育生物学的门槛前，她与果蝇遗传学不期而遇。

## 二、从果蝇到斑马鱼

“熊在冬天交配。几个月后，母熊隐退到洞穴中去产仔，产出三或四个幼仔。在出生时，这些幼仔是不成形的肉团，只发育出了爪，母熊把它们舔成了熊的形状。”

这一近乎传奇般的说法是古罗马博物学家老普林尼（23—79）的猜测，它反映了人们对发育现象的困惑以及对这一问题的探究。确实，所有的生命最初都来自一个单细胞，然而它们的成体迥然相异。是什么因素主宰着这一神秘之链的开启或关闭？这就是发育之谜。

发育现象肯定也受遗传基因的控制。由此看来，基因主要担负两大功能：一是决定某一具体性状的表达，比如开红花还是开白花；二是在合适的时间、合适的地点启动或关闭基因的表达。前者是经典遗传学，后者是发育遗传学。

如果说，经典遗传学的发展已大大加深了对基因第一种功能的认识，那么，面对基因自身的调节机制，发育遗传学却仍是一筹莫展。胚胎学已经揭示，刚受精的卵是一个球形。它迅速分裂成 2 个、4 个、8 个，直到 16 个细胞时期，胚胎还是对称的，其中所有的细胞都是相同的。后来，细胞开始分化，胚胎变得不对称，具有头尾之分和背腹之别，再后形成体节，每个体节还会经历不同的发育，这取决于它们沿着头尾轴所处的位置。从遗传学的角度来看，究竟是什么基因控制了这些事件的发生？它们有多少？它们是相互协作的还是彼此独立的？等等。显然这还是一片有待开垦的土地。

不过前人已有若干足迹留在这片充满魅力的土地上，这就是双腹突变的发现。正常的果蝇胚胎是一个长形卵，不久它们沿着一条轴划分为明确的节段。胚胎的一端分化为头部，另一端形成腹部。可是在双腹突变中，胚胎两端都分化成腹部。此外还有一种突变，它会造成果蝇生出两对翅膀，即在本该长有平衡棒的地方，竟也长出了翅膀，这就是“同源异形”突变。它最初由摩尔根和他的学生布里奇斯于 1919 年发现，但美国遗传学家 E. B. 刘易斯对这一现象做了深入细致的工作，1995 年他与尼斯莱因－福尔哈德、维绍斯一起分享了该年度诺贝尔奖。这些现象都深深地吸引了尼斯莱因－福尔哈德。她想知道在这些突变的背后究竟蕴藏着什么样的机制，它又是如何控制发育过程的正常进行的。在 1973 年的一次会议上，尼斯莱因－福尔哈德遇见了格林，她鼓足勇气向他询问有关双腹突变的问题，并要求到他在巴塞尔的实验室工作。1975 年，尼斯莱因－福尔哈德如愿以偿来到巴塞尔。正是在巴塞尔，她与美国遗传学家维绍斯相遇。当时尼斯莱因－福尔哈德已获得博士学位，正在学习果蝇发育遗传学并将它作为博士后研究课题；维绍斯则刚好完成他的博士论文（在格林的指导下）并准备前往苏黎世从事博士后工作。两人都同样对发育问题着迷，后来他们在欧洲分子生物学实验室找到了工作（1978—1980）。在这之前，尼斯莱因－福尔哈德曾向欧洲分子生物学实验室提出过申请，但未获批准，因为欧洲分子生物学实验室认为她缺乏独自建立一个果蝇实验室的能力。也许是由于维绍斯在遗传学方面更富有资历，他们的共同申请获得了成功。这使得尼斯莱因－福尔哈德一开始就存在一种必须依赖维绍斯的感觉，对于一个富有才华且有个性的研究人员来说，这种感觉当然不妙。但随着工作的展开，他们的合作逐渐走上正轨，他们的事业终于成为一个不可分离的整体。甚至在维绍斯离开巴塞尔前往苏黎世，尼斯莱因－福尔哈德前往弗赖堡从事第二份博士后工作时，他们在学术上仍保持密切联系。

值得指出的是，在这一成功合作的背后，欧洲分子生物学实验室也起到了重要的作用。欧洲分子生物学实验室的管理思想就是尽可能多地吸引有才华的研究人员，给他们充分的自由，并高度尊重独创性的研究。故此，两人有一个小小的实验空间，他们没有教学责任，也没有论文写作任务，更无须受教授指导。正是在这一宽松的环境中，他们成为朋友。两人都有强烈的个性和专业才能，这也许很容易使他们走上独立研究的道路，但最终他们还是凭着兴趣走到了一起。

尼斯莱因－福尔哈德和维绍斯最早的兴趣是有关胚胎的广泛的形态学问题，然而受双腹突变的影响，他们很想研究在卵子形成中发育的形式是怎么受母体效应基因影响的。因为当时已经知道影响胚胎头腹分化的因素存在于卵母细胞质中，而卵母细胞质的不同浓度又是由其上代基因所决定，所以，这就是一种母体效应基因突变。他们猜测分节可能也需要受合子活性基因的表达。于是，他们共同提出了一系列关键性的问题：胚胎模式、节段的数目和特定类型是如何被决定的？它们如何随着时间而分化？母体效应基因与合子基因各自在发育中提供了怎样的关键信息？更为重要的是，是否有可能通过研究突变来确定这些基因的存在？

科学史的关键性突破往往取决于概念框架的更新而不是经验事实的积累。在今天，胚胎的早期分节与成体中结构的关系似乎已成定论。然而在当时，几乎无人相信在这条道上探索也能有所收获。由于分子生物学的思想和方法已经成为热点，尼斯莱因－福尔哈德周围的人大多热衷于 DNA 研究，去克隆一些有趣的基因。说到研究胚胎突变问题，他们认为无非是搜集卵和观察描述胚胎发育过程，这是多么乏味陈旧的工作。更由于实验手段尚不成熟，在活的胚胎中难以看到关键结构的形成，如节段和极性等。砍柴须先磨刀，因为相应的方法还未就绪，一些人不愿问津这个领域。

然而，尼斯莱因－福尔哈德和维绍斯以初生牛犊不怕虎之勇气，闯入了一个荆棘丛生又魅力无穷的新领域——发育遗传学。他们有一个坚定的信念，那就是可以通过研究突变胚胎来理解果蝇发育。

在经典遗传学中，突变是探明某一基因存在的关键线索。对基因功能的证实只能从突变的表型中推断出来。比如正是通过对白化病症状的分析，我们才有可能知道存在着一种控制色素合成的基因，而它的突变又导致白化病产生。由此可见，整个基因组的信息就好比是一个黑箱，对其结构功能的探索，只能通过它的外在表现突变才能获知。

然而，突变的自发产生是一个低概率的事件，这也可以想象，如果自然界中存在着频繁的基因突变，那么也就不会有今天如此稳定的生物种类，更何况大量的突变对生物体本身是有害的。所以，要通过突变作为探针来获知正常基因的功能，只能以各种人为手段来提高突变概率，这就是X射线或化学诱变剂的应用。实验的第一步就从这里开始，他们以化学诱变剂处理雌果蝇，观察其后代发生的基因突变，由此寻找正常基因的功能。

由于受双腹突变的诱惑，尼斯莱因－福尔哈德和维绍斯一开始企图确定在卵子形成中发育的形式是如何被母体效应基因决定的。但不久他们就意识到，研究母体效应基因的工作量实在太大，因为那意味着对基因的跟踪筛选要涉及三代以上。于是，他们很快调整了策略，决定从对合子的突变研究开始，这样工作相对容易展开。不过整个发育过程究竟涉及多少基因，当时还无人知晓。一般的猜测认为数量一定可观，这就足以使不少人望而生畏了。

他们的筛选逻辑是简单的。影响胚胎形式和节段数目的基因突变常会导致胚胎死亡，这就有可能通过对死亡胚胎的观察来寻找突变所造成的效应，并推断出正常基因的功能。因为胚胎发育是一个有序的整体过程，其中的每一个环节都前后呼应，故此应当找出所有负责胚胎形成的基因，而不是满足于研究一个或两个突变，这就是饱和筛选法，也就是说他们着眼于胚胎发育过程为一级联的复杂反应。因此要了解这一过程，必须预先把有关基因全部找齐。若是没有这样的思路，他们的工作就不可能如此富有成效。正如我们现在所知道的，他们通过饱和突变法所确定的基因，证明在胚胎的逐步发育中是协调工作的，并支持着果蝇的全部发育。然而这意味着他们所作的筛选将涉及数千个突变基因，其中的每一个都会导致果蝇在生命周期的某一个环节死亡，然后就是搜寻死亡胚胎的卵并寻找分节缺失。为此，他们还设计出一种新的方法，使胚胎变得透明，这样就很容易鉴定它们的发育形式。

从 1979 年的秋天到 1980 年的夏天，尼斯莱因 - 福尔哈德和维绍斯建立了近 2700 个自交系，其中有 4332 个引起胚胎致死的突变，580 个引起胚胎表型的突变，在 5000 多个涉及的基因中，有 139 个起决定性作用。一年中，两人（在实验后期又有一个博士后加入到他们的研究中）相对而坐，日复一日，在显微镜下仔细观察了数千个死亡的果蝇胚胎。他们用的是一种特殊的双式显微镜，它可以让两个人同时观察同一个胚胎。因为他们的目标是要找到每一个与发育有关的基因，故涉及的数目极为巨大。重要的是，还要仔细描述异常胚胎的表型，给出线索，说明发育中的哪一步是错误的。正如尼斯莱因 - 福尔哈德后来所回忆的：“它是极为困难的，但又非常激动人心。它还充满乐趣，因为许多有趣的发现源源不断。”

这种烦琐、枯燥的观察工作有时也会被富有挑战性的讨论打断。他们经常争论某种突变胚胎是由哪种新的突变所造就，或一个基因如何具有相关功能。靠近欧洲分子生物学实验室的一家农家餐馆也成了他们经常讨论的场所，因为他们经常在那里用餐。他们总共对 2 万多只突变果蝇进行了研究，其中包含了近 4 万个突变性状，在筛选了果蝇近一半的基因之后，从中鉴定出 15 种不同的影响分节的基因，另外再加上 50 个左右影响发育程式其他方面的基因，正是它们控制着果蝇胚胎的早期发育。这些基因的突变会引起发育的种种畸变，导致节段数目的减少或重复，产生有缺陷的节段等。有意思的是，当笔者询问尼斯莱因 - 福尔哈德是如何想出饱和筛选法时，她谦虚地回答：早在 20 世纪 40 年代比德尔和塔特姆在真菌中，后来的莫诺在细菌中，已用到了这种方法。

实验结果使他们相信，胚胎发育源于一个简单的开端。尤为重要的是，结合仔细的观察和天才的推论，他们得出结论：控制体节发育的基因有三类，它们是间隙基因、成对基因和体节极性基因，它们负责体节的形成及精细划分。其中间隙基因先将胚胎沿着头尾纵轴分成若干体节，该基因的突变会造成整组相邻节段的消失。然后是成对基因将每个体节再一分为二，这一基因的突变会引起每两体节中有一节段被损坏，因而这种突变体胚胎的节段数只有正常时的一半。最后，体节极性基因决定每一节段的发育模式，体节极性基因的突变不会影响体节的总体数目，但会造成节段原型构造异常，每一节段上都有部分缺失和镜像重复。

由这三类基因所控制的胚胎早期发育，是一个环环相扣、前后呼应的过程。首先，间隙基因的激活及其表达模式受母体提供的转录因子控制，那正是母体效应基因的产物；其次，成对基因所控制的模式有 7 条带，每一条都受间隙基因产物的激活；最后，成对基因的转录产物又控制了体节极性基因的激活。这就像一个多米诺骨牌被推倒的情景。若以绘画来作比方，间隙基因就是先在一张白纸上描出大致轮廓，在此基础上，成对基因负责画出草图，体节极性基因则绘出各种细节。发育就是这样一个从无到有、从粗到细的动态过程。

这一研究成果发表在 1980 年英国的《自然》杂志上，发表后立刻受到普遍关注。1980 年 10 月 30 日发行的《自然》杂志的封面就是这三类基因相应的胚胎图谱。

尼斯莱因－福尔哈德和维绍斯的工作首次证实，发育所涉及的基因能被分成若干不同的功能区域。这是一个良好的开端，它激励了其他科学家在其他物种中寻找相似的发育基因。随之就表明相似或相同的基因也存在于高等生物乃至人类当中，并且证明它们也控制胚胎发育过程中体节的形成。

然而，果蝇作为一种昆虫有相当特殊的性质，它在许多方面与脊椎动物不同，以至于人们有理由提出怀疑，由果蝇得到的结论能应用于脊椎动物吗？这就是经典方法的局限性，由它所得出的结论往往具有物种的局限性。

所幸的是，DNA 重组技术以及基因克隆手段的出现，允许对不同动物中 DNA 或蛋白质的次序进行比较。由此得到两个重要结果：可把基因控制的产物或转录因子、蛋白激酶、信号分子等与其他动物作比较；在许多情况中，果蝇和脊椎动物蛋白质的相似性不仅仅在它们的生化特性上，还扩散到发育过程中具有真正的同源功能上。

从中得出的结论是惊人的：身体结构的基本特征，例如沿着前后轴的分化和原肠胚的极性，在不同动物中具有很大的保守性。这种保守性表明，存在着一个共同的、基本的身体结构模式，它起源于两侧对称的动物的祖先，可见调节机制有多么古老，它在进化上竟纵跨 6 亿年之久。

不久以后，分子生物学的克隆技术使得在分子层次上对突变基因的功能作出鉴定成为可能。许多基因的产物是转录因子，于是就解释了它们如何控制随后的发育事件，这种控制过程与信号散布、接收或解释有关，借此细胞才能彼此协调。大约已有 150 个与发育有关的调节基因得到鉴定。

由于尼斯莱因－福尔哈德、维绍斯以及另一位诺贝尔奖得主 E. B. 刘易斯的工作，我们对由基因控制的发育过程已有初步的了解。生物体的发育都是从一个简单的模式演变而来。在这一过程中，间隙基因、成对基因、体节极性基因负责将胚胎体划分出不同的节段。在此基础上，进一步的发育受 E. B. 刘易斯所发现的同源异型基因的控制。

据此，E. B. 刘易斯认为，果蝇的发育在其早期阶段出现过像千足虫那样呈直线排列的体节现象，这一体节本来只具有原始的功能。后来由于基因的突变，某一个体节产生了额外的构造，若这一构造对生存有利，它将在自然选择过程中得到保存，这就是生物体各种复杂器官的来源。但是万变不离其宗，复杂的构造原本起始于一个个相似的体节，这就是生物体中同源器官的存在以及各种外形迥异的生物体都具有共同模式的根本原因。如陆生脊椎动物全都拥有五趾型附肢，五趾肢为适应不同的环境条件会变成鸟类的翼、牛马的蹄等。此外，人的肌肉系统也由各个原始体节演化而来，这种原始分节现象的痕迹尚存于腹肌之中，从健美运动员的身上可以有所体现。

根据这一理论，我们就可解释果蝇为什么会长出两对翅膀，那是由于某种原因，该产生平衡棒的基因其功能被抑制了，于是，在起源上更为古老的翅膀基因就开始活动，从而在本不该生出翅膀的地方长出了翅膀，也许人类中的所谓“返祖遗传”现象可由此得到解释。控制基因的功能得以正确表达的机制就是同源异型基因的存在。它的突变会导致生物体的器官长错位置。

但是，E. B. 刘易斯的工作只是对节段结构上的异常作了探讨，并未解释最初的分节是如何启动的，他对自己30年来在经典遗传学上关于节段结构异常——同源异型基因的研究于1978年作了较详细的总结。无疑他的工作启发了尼斯莱因－福尔哈德和维绍斯的研究。有趣的是，分子生物学家通过DNA克隆技术分离出E. B. 刘易斯研究的影响节段结构的基因——同源异型基因和尼斯莱因－福尔哈德等研究的节段基因，发现这些基因中有一段180对核苷酸的序列具有很大的保守性。故分子生物学家把主类基因统称为同源异型基因（Hox基因）。从果蝇到人，它们的相似性达50%以上，甚至还有达到70%以上的。

对同源异型基因的探索，现已成为发育生物学的一个热点，英国的《自然》杂志称同源异型基因相当于生物学上的罗塞达碑（在1799年发现的古埃及石碑，为译解古埃及象形文字提供了钥匙），认为它犹如一把万能钥匙，揭示了生物在体制构造上的原始计划。在此基础上，科学家甚至满怀自信地声称，人类可以学会设计自身，只要完全破译这把钥匙的奥秘。

虽说是果蝇将尼斯莱因－福尔哈德引入了发育遗传学的大门，但是在成功面前，尼斯莱因－福尔哈德想得更深。毫无疑问，脊椎动物在进化上处于更高的层次，它具有的许多新的特性在果蝇身上是无法得到体现的。若要揭示高等脊椎动物乃至人的发育机制的话，必须直接面对脊椎动物。

如前所述，尼斯莱因－福尔哈德和维绍斯在果蝇发育遗传学中首创的饱和筛选法，曾是他们走向成功的关键。但是，若要将饱和筛选法应用于脊椎动物的发育研究，则面临许多困难。例如老鼠虽已被大量应用于遗传学研究，但老鼠的胚胎因深藏于子宫内而难以观察。又如非洲爪蟾虽易于胚胎学研究，但因成长时间缓慢而不适合于遗传学研究。因此，要利用饱和筛选法去研究脊椎动物的发育遗传学，必须寻找一种既适合胚胎学又适合遗传学的动物。斑马鱼即这样一种理想的实验对象。

斑马鱼起源于印度，为小型热带鱼类，成体长约 3~4 厘米，孵出后约 3 个月可达性成熟。成熟的雌鱼每隔一周可产几百粒卵子，卵子体外受精、体外发育。其最大特点在于胚体完全透明，便于观察胚胎发育的全过程，并追踪个体细胞的分裂和迁移活动。

斑马鱼最初用于遗传学研究。它那优良的特性很快受到发育遗传学家的青睐。当时正在考虑对脊椎动物进一步研究的尼斯莱因－福尔哈德，自然也把目光转向了斑马鱼。由于她的加盟，对斑马鱼的研究又进到了一个新的层次。

斑马鱼共有 25 对染色体，若用饱和筛选法，尼斯莱因－福尔哈德估计需要筛选 100 万个以上的斑马鱼胚胎才能达到和果蝇一样成功的结果。这样当她在 1987 年开始研究斑马鱼时，她首先必须解决的就是如何在实验室中饲养数百万只斑马鱼，这并不是一个比实验本身更容易解决的问题。所幸的是，他们花了 5 年的时间，终于取得了成功。

在实验过程中，尼斯莱因－福尔哈德和她的实验助手一起，在观察了120万个胚胎之后，筛选出了1300个具有明显异常表型的突变体。其中有些是在原肠胚形成时细胞的移动出了问题，有些表现出异常的体型，大多数缺陷则在发育后期出现，有的仅仅为一种结构（如脊索、脑或颌弓等）缺陷，有的缺陷则影响组织分化。这些研究为从分子水平进一步克隆相关的基因提供了前提。

与果蝇相比，斑马鱼表现出了不同的特点。受精卵在卵裂之后形成一个三维体，从而不同于果蝇的二维体；没有发现与间隙基因和成对基因相对应的突变模式，这也许意味着果蝇在体节模式的形成上具有特殊之处，也可能表明在鱼类中有这类基因的重复基因存在。此外，在鱼类中有大量的基因影响中枢神经系统和感觉器官的结构和功能，这在果蝇中较为罕见，表明脊椎动物的神经系统显然已大大进化。至1996年为止，尼斯莱因－福尔哈德及另一个小组在斑马鱼中确认了几千个新的突变，这些突变涉及几百个基因，它们可导致广泛的发育缺陷。另据1997年《科学》报道，美国国立卫生研究院正在研究是否应该进行斑马鱼基因组计划。

## 三、成功的启示

在分子生物学的时代，尼斯莱因－福尔哈德的成功代表的却是另外一种经典研究的传统，这似乎有些意外，却又在情理之中。她的成功本身就给予我们不少启示。

### 1. 发育与遗传的联盟

发育与遗传的关系是一个渊源流长的话题。生命从最初的孕育到成为一个完整的个体，其中就包含了遗传与发育两个方面的内容。因此，一个完整的假说不仅要说明遗传机制，还要兼顾发育现象，这就是孟德尔之前的生物学家所达成的共识。但是，当遗传与发育的机制本身尚处于迷雾之中时，两者的纠缠不清只能导致雾里看花的效果。所以，此路注定不通。

另辟捷径的是孟德尔。在著名的豌豆试验中，孟德尔倾全力研究遗传因子即基因在生物体中代代相传的规律，这就是分离定律和自由组合定律的诞生。他撇开了基因在胚胎中的活动规律，即器官分化的问题。所以，他是第一位现代意义上的遗传学家。也许这正是他遭同时代人忽视的真正原因。因为当时的人们无法想象遗传与发育怎能像“井水不犯河水”似的独立进行研究。

不过 1900 年之后，形势发生了急剧转变，孟德尔遗传学受到普遍欢迎，但由此也带来了一种思维定式，这就是遗传学家与胚胎学家各自画地为牢，双方都无暇顾及对方的研究。其实就遗传物质与性状表现的关系来看，研究基因在染色体上的定位以及基因所表达出来的性状，是一个过程的两端，是遗传学研究的对象；而研究性状是如何得到表现的，是一个过程的中间阶段，是发育学研究的对象。在遗传学与胚胎学都获得长足的进步之后，遗传学与发育学的联盟就迫在眉睫了。

经典遗传学的思路在于将特定的基因与特定的性状联系在一起，如摩尔根在果蝇中找到残翅基因、红眼基因等。现在遗传学与发育学的结合就在于将特定的基因与某一个特定的发育步骤联系起来，以阐述基因是如何调节发育过程的。而在这之前，尽管有不少学者从事发育遗传研究，但那不是严格意义上的发育遗传学，因为他们都未能将发育中的特定事件与特定基因联系起来。

尼斯莱因－福尔哈德与维绍斯研究的是胚胎发育中决定分节数目的基因，这些基因可分为三类，如前所述。这是对发育初级阶段的关键描述。通过这些工作，基因与发育步骤之间的对应关系得以真正确立，发育与遗传的研究重新结合。

说到这里，有一个问题值得我们深思。尼斯莱因－福尔哈德的研究方法完全属于经典遗传学的范畴，饱和筛选法摩尔根也能做。但是，作为胚胎学家出身的摩尔根，为什么就不能捷足先登，率先促成胚胎学与遗传学的联盟呢？摩尔根一生研究的虽是果蝇遗传学，但他念念不忘的其实是胚胎学，他尝试性地触及过细胞是怎样被调节、被控制的这样一个大问题，可以说这个问题以各种形式支配了摩尔根的一生。但令人遗憾的是，摩尔根始终未能找到一条将遗传与发育联系起来的正确途径。

其中的症结也许在于，归根到底摩尔根不是一个真正意义上的遗传学家，他还是将发育看作一个整体现象（就像孟德尔以前的遗传学家将所有的性状看作一个整体一样），所以就无法理出一个清晰的思路，使基因同一个单独的发育事件联系起来。但尽管如此，正是摩尔根首先意识到了遗传学对发育的重要性，他第一次提出了发育是由不同基因活性所控制的假设。

2. 对简单性的追求

生命本身就是一个扑朔迷离的、极为复杂的现象。有关复杂性的起源历来是一个富有魅力的话题。对于尼斯莱因－福尔哈德来说，一个基本的哲学信念深深地吸引着她，那就是复杂必定源于简单。所有的生命体都有一个最基本的原始规划，这就是简单性得以存在的根本理由。

尼斯莱因－福尔哈德由衷倾慕的两位生物学家是歌德和达尔文，而这两位伟人身上体现出的恰恰是对简单性的着迷与追求。作为诗人的歌德，在写诗之余也曾致力于寻找植物中存在的原始类型即植物发展的总方案。歌德设想，植物的原始类型方案是若干典型的叶子型，从种子生出的叶子形状很简单，但后来长出的叶子就逐渐分化，变得越来越复杂，最后出现了花和果实。所以，花瓣和果实都只是变形的叶子。从植物胚胎学的角度来看，歌德天才的思辨是正确的。E. B. 刘易斯在追溯同源异型基因概念的起源时，也曾提到歌德的名字，认为他在《植物变形记》中描述过这一现象。

至于达尔文，他的进化理论至今仍是一颗熠熠夺目的明珠。他那“所有的生命来自一个共同祖先”的命题，具有震撼人心的力量，并且已被今天的分子生物学证实，即所有的生命都有一个共同的起源。这也正是简单寓于复杂之中的深刻背景。

复杂源于简单，这不仅体现在进化的长河之中，也体现在个体生命的诞生过程之中。当然研究后者更为简捷便利。这就是尼斯莱因－福尔哈德深深着迷于发育生物学的缘由。

尼斯莱因－福尔哈德后期的工作专注于胚胎发育中梯度假说的研究。早在 20 世纪初，作为胚胎学家的摩尔根就提出了一个假说，他假定有压力或物质从身体的前端（头部）到末端（尾部）呈梯度分布。这种压力或物质在头部最高，尾部最低。这是最早的一个梯度模型。后来博韦里也提出，从胚胎的一端到另一端，某种物质的浓度在增大或减小。正是这一浓度梯度决定了细胞分化的命运。虽说梯度假说可以解释细胞如何“知道”它们在胚胎中的位置，但是无法解释这一梯度的形成机制以及如何在一个足够长的时期保持稳定的理由。在由许多细胞组成的正在发育的胚胎中，细胞膜会阻止能够形成浓度梯度的大分子扩散；反之在一个大的卵细胞中，扩散又会迅速调平这样一种梯度。更不用说有关这种分子信号的生化本质和作用机理尚未知晓。

然而，尼斯莱因－福尔哈德钟情于这种梯度假说，因为从中可以探索复杂性的起源。试想以一种简单的化学浓度却可造就胚胎发育的复杂模式，这本身就足够让人心动。尼斯莱因－福尔哈德和她的同事发现，最早阶段的果蝇胚胎中存在着 Bicoid 的浓度梯度。这种浓度在胚胎的头端最大，并沿着胚胎的纵轴逐渐降低。有一种突变体胚胎，它的 Bicoid 有相同的浓度而完全没有梯度，这些胚胎只产生一种结构（头或胸）。分子生物学的研究揭示，正是这种浓度引起或抑制一个或多个靶基因的转录，从而调节着发育过程。

Bicoid 梯度的形成是在胚胎发育时，这种蛋白质从它在头端产生的位点扩散开来的缘故。但 Bicoid 是不稳定的，因此它在远距离点——在将变成腹部的末端——的浓度从未达到很高的水平，这就建立了一种浓度梯度。若把几种梯度叠加到一个胚胎区域，就能更加细分这一区域，并产生进一步的复杂性。可见正是这种简单的扩散机理精确地满足了正常发育的需要。

果蝇的优点是，在它的发育初期，受精卵中的核不断地分裂，但膜不随之分裂，于是造成了一个蔚为壮观的局面，其中一个细胞内有上万个核。由于没有膜的阻隔，这就为分子信号的扩散提供了便利条件。然而在大多数生物胚胎中，细胞膜的存在会使这种简单的扩散机理不起作用。但是，由于浓度梯度的存在是如此重要，因而有理由假定，在细胞膜上存在着一种蛋白质，使得信号分子的传递成为可能。而果蝇仅是一个特例。

但是，通过对果蝇的研究，尼斯莱因－福尔哈德坚定地相信："对一种很好的模式系统的基础研究已导致了有力的理解，它有一天能帮助我们弄清人类的发育。这些见解已经向我们提供的是对自然中最深奥的问题之一的答案——复杂性如何从最初的简单性中产生。"

复杂源于简单，这也许可看作一个哲学上的命题或信念。但是，当尼斯莱因－福尔哈德将之应用到胚胎发育的研究中时，她对简单性的输送定是建立在还原论的基础之上并且通过严格的实验手段得到的，如她对胚胎浓度梯度形成机制的详细研究，由此才使一个哲学命题上升为一种严格的科学理论。

3. 原创性思维的价值

在分子生物学的方法几乎一枝独秀的年代，尼斯莱因－福尔哈德与她的同伴维绍斯一起，在显微镜下数果蝇达一年之久，这在旁人看来，不仅单调乏味，更有落伍之嫌。可作佐证的是，当年他俩在欧洲分子生物学实验室从事果蝇早期胚胎发育研究时，周围的人很惊奇于他们为何还用三四十年代的方法数果蝇。但是不平凡的发现恰恰从平凡的手段中脱颖而出。这无疑令人深思。

对于发展中国家的科研人员来说，这尤其是一种激励。因为它证明了一个成功理论的提出，有时并不完全依赖于最先进的实验仪器，它更需要研究人员与众不同的原创性思维和独具慧眼的切入点，不用说还得有耐得住寂寞的恒心和毅力，1983 年获诺贝尔奖的麦克林托克也正是在这点上获得了成功。

尼斯莱因 – 福尔哈德等人只是借助经典的研究方法提出了一个简单的模型，而完善这个模型的进一步工作是由分子生物学家做出的。例如他们发现的这些节段数目基因经分子遗传学家分离后发现，它们与同源异型基因一样有一个共同的阅读框，其中含有 1800 对核苷酸，在各类生物中有很大的保守性。尼斯莱因 – 福尔哈德的工作为分子遗传学家克隆这类基因提供了基础，因为在分离之前，分子遗传学家就知道与分节有关的基因中的核苷酸顺序一定很特别。这是由于分节是生物进化中的大事，当生物进化到一定阶段（环节动物）开始出现体节，生物开始向更为复杂的机体结构进化。所以，与分节有关的基因一定会表现出某种共同性。然而，诺贝尔奖只属于尼斯莱因 – 福尔哈德等三人，发现这些的分子遗传学家与之无缘。

这恰恰是因为尼斯莱因 – 福尔哈德等人提供的是一种原创性思维，是一门学科中的核心概念，所以，它富有简洁的魅力；而分子生物学家随后所做的工作，虽说使这个简单的模型日趋美化、精细化、复杂化，但不是原创性的。用库恩的理论来说，前者提出了一种新的范式，而后者仅是常规科学时期的解难题活动。分量孰轻孰重，从诺贝尔奖的授予上就体现出来了。诺贝尔奖不看重那些仅仅追求完美的科学家。

由此可见，诺贝尔奖更重视的是先驱性研究成果的发明者或发现者。所谓先驱性研究成果是指该领域中某个方向的革命性研究进展，它的诞生将构成未来几年、十几年乃至几十年在这个方向上的研究热点，为后来者留下了一大片有待开垦的土地。不管后来者如何在这片土地上细心耕作和完善，诺贝尔奖是不会再降临在他们头上了，除非他们的成果取得另一个革命性进展。

尼斯莱因－福尔哈德倾其全力研究的是生物界中最迷人的现象——发育与遗传的关系。但她本人的生活谈不上浪漫迷人。尼斯莱因－福尔哈德婚后无子女，同丈夫离异——当生活和事业不能两全时，她不得不放弃生活。此后她一直孑然一人。

最后有必要强调的是，对于尼斯莱因－福尔哈德来说，促使她投身于科学研究的最大动力来自对自然的热爱以及对发育问题的强烈兴趣。这是一种超脱功利色彩的、源自生命深处的兴趣，在急功近利的当代社会中，能听到这样的心声，我们不免为之心动，并盼望有更多的人来关心自然、热爱生命——这是尼斯莱因－福尔哈德给予我们的另一个珍贵启示，它的意义不亚于她的科研成果本身。

（作者：陈蓉霞　禹宽平）

# 参考资料

**麦克林托克　读懂玉米语言的遗传学家**

[1] 伊夫林·凯勒. 情有独钟[M]. 赵台安,赵振尧,译. 北京:生活·读书·新知三联书店,1987.

[2] P. San Miguel, A. Tikhonov. Nested Retrotransposons in the Intergenic Regions of the Maize Genome[J]. Science, 1996.

[3] Jan Lindsten. Nobel Lectures in Physiology or Medicine (1981—1990)[M]. Singapore: World Scientific Publishing Co. Pte. Ltd, 1993.

**德尔布吕克　一个并不完美的分子生物学的奠基者**

[1] G. S. 斯坦特. 分子遗传学[M]. 中国科学院遗传研究所《分子遗传学》翻译小组，译. 北京：科学出版社，1978.

[2] 傅杰青. 生理学或医学诺贝尔奖八十年[M]. 北京：人民卫生出版社，1987.

[3] Elsevier. Nobel Lectures in Physiology or Medicine (1963—1970)[M]. Amsterdam: Elsevier Publishing Company, 1972.

[4] Horace Freeland Judson. The Eighth Day of Creation[M]. New York: Simon and Schuster, 1979.

**雅克·莫诺　基因调节理论的创立者**

[1] A. Lwoff, A. Ullmann. Origin of Molecular Biology: A Tribute to Jaques Monod[M]. New York: Academic Press, 1979.

[2] Horace Freeland Judson. The Eighth Day of Creation [M]. New York: Simon and Schuster, 1979.

[3] 雅克·莫诺. 偶然性和必然性：略论现代生物学的自然哲学 [M]. 上海外国自然科学哲学著作编译组，译. 上海：上海人民出版社，1977.

### 马克斯·佩鲁茨 科学不是一种平静的生活

[1] G. E. 艾伦. 二十世纪的生命科学 [M]. 谭茜，田铭，王云松，译. 北京：北京师范大学出版社，1985.

[2] Max Perutz. I Wish I'd Made You Angry Earlier: Essays on Science, Scientists, and Humanity [M]. New York: Cold Spring Harbor Laboratory Press, 1998.

### 威尔金斯 DNA 双螺旋发现的第三人

[1] G. E. 艾伦. 二十世纪的生命科学 [M]. 谭茜，田铭，王云松，译. 北京：北京师范大学出版社，1985.

[2] M. H. F. Wilkins, A. R. Stokes, W. E. Seeds, et al. Tobacco Mosaic Virus Crystals and three-Dimensional Microscopic Vision [J]. Nature, 1950.

[3] 王镜岩，朱圣庚，徐长法. 生物化学（第三版）[M]. 北京：高等教育出版社，2002.

[4] M. H. F. Wilkins, R. G. Gosling, W. E. Seeds. Physical Studies of Nucleic Acid [J]. Nature, 1951.

### 威尔逊 分子生物学时代的博物学家

[1] 爱德华·威尔逊. 大自然的猎人：生物学家威尔逊自传 [M]. 杨玉龄，译. 上海：上海科学技术出版社，2006.

[2] Peter J. Bowler. Evolution: The History of an Idea [M]. Berkeley and Los

Angeles：University of California Press，1983.
[ 3 ]爱德华·O. 威尔逊 . 昆虫的社会[ M ]. 王一民，王子春，冯波，等译 . 重庆：重庆出版社，2007.
[ 4 ]爱德华·O. 威尔逊 . 社会生物学：新的综合[ M ]. 毛盛贤，孙港波，刘晓君，等译 . 北京：北京理工大学出版社，2008.
[ 5 ]E. Fromm. The Heart of Man：Its Genius for Good and Evil[ M ]. New York：American Mental Health Foundation Inc.，2010.
[ 6 ]E. O. Wilson. Biophilia[ M ]. Cambridge：Harvard University Press，1984.

## 霍兰　遗传算法之父

[ 1 ]李夏，戴汝为 . 系统科学与复杂性（ I ）[ J ]. 自动化学报，1998.
[ 2 ]约翰·霍兰 . 隐秩序：适应性造就复杂性[ M ]. 周晓牧，韩晖，译 . 上海：上海科技教育出版社，2011.
[ 3 ]P. M. Milner. The Mind and Donald O. Hebb[ J ]. Scientific American，1993.
[ 4 ]S. A. Kauffman. The Origins of Order：Self-Organization and Selection in Evolution[ M ]. New York：Oxford University Press，1993：33-38.
[ 5 ]约翰·霍兰 . 涌现：从混沌到有序[ M ]. 陈禹，等译 . 上海：上海科学技术出版社，2001.

## 尼斯莱因－福尔哈德　发育遗传学家

[ 1 ]Daniel L. Hartl，Elizabeth W. Jones. Genetics：Principles and Analysis[ M ]. Jones and Bartlett Publishers，Inc.，1998.
[ 2 ]伊恩·夏因，西尔维亚·罗贝尔 . 摩尔根传（ 1866—1945 ）[ M ]. 庚镇城，译 . 上海：复旦大学出版社，1986.
[ 3 ]T. H. Morgan. Embryology and Genetics[ M ]. New York：Columbia University Press，1934.

# 人名对照表

（按外文姓氏的首字母排序）

A

奥尔特曼——Stuart Altmann

菲利普·安德森——Philip W. Anderson

安德森——T. Anderson

沃纳·阿尔伯——Werner Arber

肯尼斯·阿罗——Kenneth J. Arrow

奥杜鲁——A. Audureau

O. 埃弗里——Oswald Avery

罗伯特·阿克塞尔罗德——Robert Axelrod

B

约瑟夫·巴克罗夫特——Joseph Barcroft

贝特森——William Bateson

比德尔——G. W. Beadle

西摩·本泽——Seymour Benzer

贝尔纳——J. D. Bernal

博韦里——T. Boveri

威廉·亨利·布拉格
——William Henry Bragg

威廉·劳伦斯·布拉格
——William Lawrence Bragg

布伦纳——Sydney Brenner

玛丽·阿德琳·布鲁斯
——Mary Adeline Bruce

布鲁尔——Odette Bruhl

阿瑟·伯克斯——Arthur W. Burks

伯内特——F. M. Burnet

C

尚热——P. J. Changeux

帕特里夏·安·奇吉
——Patricia Ann Chidgey

考克饶夫——John Cockcroft

迈克尔·科恩——Michael Cohen

科恩——Melvin Cohn

科普利——Copley

考克——J. M. Cork

科里尔——Charles Coryell

考恩——George Cowan

考克斯——G. Cox

克里克——Francis Harry Compton Crick

D

达尔文——Charles Robert Darwin

道金斯——Richard Dawkins

马克斯·德尔布吕克——Max Delbrück

德梅雷茨——M. Demerec

戴蒙德——Jared Diamond

杜布赞斯基——Theodosius Dobzhansky

盖伊·多德森——Guy Dodson

德尔曼——A. Doermann

保罗·多蒂——Paul Doty

E

埃里斯——E. L. Ellis

爱默生——Rollins A. Emerson

埃弗吕西——Bois Ephrussi

F

方库琴——L. Fankuchen

费米——E. Fermi

费希尔——Ronald Aylmer Fisher

富兰克林——Rosalind Elsie Franklin

弗里德里希——K. Friedrich

弗里施——Karl von Frisch

弗洛姆——Erich Fromm

G

加德——S. Gard

格林——Walter Gehring

盖尔－曼——Murray Gell-Mann

吉查蒂——David Giachardi

吉勒——Gierer

吉塞拉——Gisela

戈斯林——Ray Gosling

古尔德——Stephen Jay Gould

H

哈伯——F. Haber

哈恩——O. Hahn

霍尔丹

——John Burdon Sanderson Haldane

汉密尔顿——William Donald Hamilton

哈里斯——Ieuan Harries

哈特利——Brian Hartley

霍沃思——W. N. Haworth

海迪——Adrian Hayday

海斯——William Hayes

唐纳德·赫布——Donald O. Hebb

海德格尔——Heideggar

赫尔希——Alfred Hershey

赫尔曼·黑塞——Hermann Hesse

霍奇金——Dorothy Hodgkin

卡尔·霍夫曼——Karl Hoffman

侯世达——Douglas Hofstadter

约翰·亨利·霍兰
——John Henry Holland
霍德伯勒——Bert Hölldobler
霍普金斯
——Frederick Gowland Hopkins
休·赫胥黎——Hugh Huxley
朱利安·赫胥黎——Julian Huxley

I

弗农·英格拉姆——Vemon Ingram

J

雅各布——Francois Jacob

K

卡默勒——Paul Kammerer
保罗·卡勒——Paul Karrer
柯宜林——David Keilin
克勒特——Stephen R. Kellert
肯德鲁——John Kendrew
木村资生——Motoo Kimura
克卢格——Aaron Klug
阿瑟·科恩伯格——Arthur Kornberg
科什兰——D. Koshland
克雷布斯——Krebs
克吕格尔——Krueger

L

莱德伯格——Joshua Lederberg
勒翁廷——Richard Lewontin
李比希——J. von Liebig
李普曼——F. A. Lipmann
洛伦茨——Konrad Lorenz
罗宾·洛弗尔－巴杰
——Robin Lovell-Badge
拉姆斯登——Charles J. Lumsden
卢里亚——Salvador Luria
利沃夫——André Michel Lwoff
李森科——Trofim Lysenko

M

麦克阿瑟——Robert H. MacArthur
马古利斯——Lynn Margulis
玛利亚——Maria
马克——Herman Mark
马西米——Massimi
迈尔——Ernst Mayr
芭芭拉·麦克林托克
——Barbara McClintock
玛格丽特·米德——Margaret Mead
梅达沃——P. B. Medawar
迈特纳——Lise Meitner
孟德尔——Gregor Johann Mendel
马修·梅塞尔森——Mathew Meselson
米尔斯坦——César Milstein

雅克·吕西安·莫诺
——Jacques Lucien Monod
摩尔根——Thomas Hunt Morgan
穆勒——Hermann Joseph Muller
迈尔斯——Norman Myers

N
艾伦·纽厄尔——Allen Newell
诺维克——A. Novick
克里斯蒂亚娜·尼斯莱因-福尔哈德
——Christiane Nüsslein-Volhard

O
奥乔亚——S. Ochoa
奥利芬特——M. Oliphant
欧文思——R. Owens

P
马西莫·保利——Massimo Paoli
帕迪——Arthur Pardee
泡利——W. Pauli
鲍林——L. Pauling
巴甫洛夫——Ivan Pavlov
马克斯·费迪南德·佩鲁茨
——Max Ferdinand Perutz
普勒南——M. Prenant

R
约翰·兰德尔——John T. Randall
兰道夫——Lowell F. Randolph
路易斯·拉普金——Louise Rapkine
雷文——Peter H. Raven
亚历克斯·里奇——Alex Rich
马特·里德利——Matt Ridley
罗宾——Robin
罗尔斯顿三世——Holmes Rolston III
罗马尼斯——George Romanes
罗森——Walter Rosen

S
塞缪尔——Samuel
桑格——Frederick Sanger
夏勒——Heinz Schaller
舍恩海默——R. Schoenheimer
薛定谔——Erwin Schrödinger
索伦森——Scoren Scorensen
斯科特——John Paul Scott
夏普——L. W. Sharp
席格纳——Rudolf Signer
辛伯洛夫——Daniel Simberloff
卡尔·西蒙——Carl Simon
赫伯特·西蒙——Herbert Simon
辛普森——George Gaylord Simpson
约翰·梅纳德·史密斯
——John Maynard Smith

斯帕思 ——Ernst Spath
斯塔德勒——Lewis Stadler
斯特宾斯——George Ledyard Stebbins
斯坦特——G. Stent
史蒂文斯——Charles F. Stevens
斯托克斯——Alec Stokes
斯韦德贝里——Theodor Svedberg
西拉德——Leo Szilard

T

田中耕一 ——Koichi Tanaka
塔图姆——E. Tatum
乔治・泰西耶——George Teissier
季莫菲耶夫－列索夫斯基
——N. W. Timofeeff-Ressovsky
廷伯根——Nikolaas Tinbergen
特里弗斯——Robert Trivers

V

维维恩——Vivien

W

沃克——John Walker
沃森——James Watson
冯・韦塞利——F. von Wessely
维绍斯——Eric F. Wieschaus
爱德佳・亨利・威尔金斯
——Edgar Henry Wilkins
莫里斯・休・弗雷德里克・威尔金斯
——Maurice Hugh Frederick Wilkins
威廉斯——George C. Williams
爱德华・奥斯本・威尔逊
——Edward Osborne Wilson
H. 威尔逊——Herbert Wilson
温德尔——A. H. Windle
沃尔曼——E. Wollman
赖特——Sewall Wright

Y

尤德金——John Yudkin